南城门

古城夜色

玉洱园北门

诚心井

别样的护国路

人民路一角

街头小吃假鸡肉

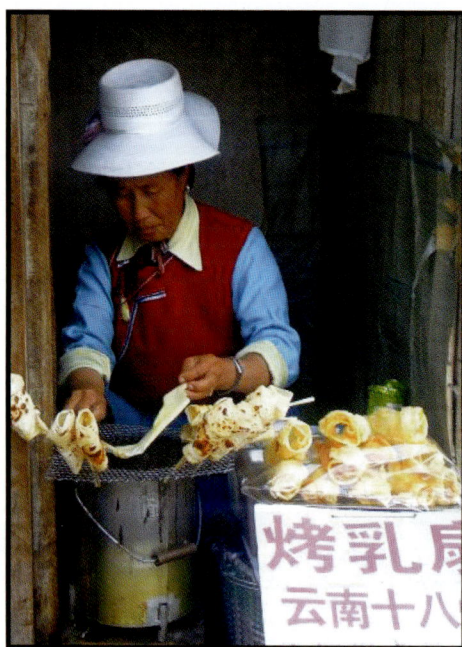

街头小吃烤乳扇

大理古城导游

大 理 州 旅 游 局
大理学院经济与管理学院 编

云南大学出版社

大理古城鸟瞰图

天主堂

红龙井一角

五华楼

大理古城导游图

前 言

大理好风光，世界共分享。优美秀丽的湖光山色、旖旎多姿的民族风情和悠久灿烂的历史文化是大理美之所在，也是大理旅游业赖以生存和发展的三大旅游资源。在大理众多的风景名胜中，把自然美、历史美和民俗美最完美地结合在一起的就是穿越了千年历史时光、雪映月笼、风细花香、风光优美、民风淳朴的大理古城。

大理古城是国务院最早颁布的二十四座国家级历史文化名城之一，其历史可上溯至盛唐初年，大理地区六诏与河蛮并存时期。公元779年，南诏王异牟寻将王都从人和城迁至羊苴咩城，大理古城开始成为一个王朝的权力中心。在唐、宋时期，这里经历了南诏、大长和国、大义宁国、大天兴国、大理国等少数民族王朝的更迭，其中大理国以高氏篡国为界又分为前理国与后理国两个王朝。这六个王朝均以大理古城为都，甚至到了元代及明朝初年，云南大理路的段氏十二代总管的总管府仍以古城为治所，大理古城从唐到元甚至明初的六百年左右的岁月，一直是祖国南疆的政治、经济、文化中心。再加上她地处苍洱之间，城楼雄伟，规模壮阔，旁近有众多的著名文物古迹，秀雅的自然风光，独特的人文景观，浓郁的民族风情，众多因素的组合使她成为一座具有独特魅力的历史文化名城。

相比当今一些地方日新月异的城市建设，大理古城始终坚守着自己的传统，其城建格局自明初按明代府城体例重修后一直保持至今。尽管经历了六百多年的风雨沧桑和不计其数的战火洗礼，古城至今仍保持着雄伟壮观的城楼和纵横交错、棋盘格局式的街道。街道两旁青瓦屋面的旧宅古院里，民居、商店、作坊一体相连，一派古朴风貌。城内清澈的溪水沿着古朴幽静的街巷小道从一户户人家门前汩汩而过，四季不息。城中住户人家，财不论贫富，居不拘大小，都自然地享受着在自家庭院内植花种草的逸情。城内文物古迹众多、寺庙园林古雅、生活和谐宁静，民俗风情绚丽多姿、居民热情好客，时时处处都散发着"家"的气息，吸引着无数来自世界各地的旅游者，成为深受旅游者喜爱的旅游度假天堂。

随着旅游业散客时代的到来，细致化、休闲化和娱乐化已经成为旅游者旅游活动的主流追求，到大理古城休闲度假已经成为受到广大旅游者青睐的旅游产品。在这样的背景下，如何帮助旅游者更深入细致地领略古城风采，享用好大理古城休闲度假这道旅游盛宴，是大理旅游人必须要完成好的命题。在新的背景下，对于大理古城这样内涵丰富，集自然美、历史美和民俗美于一体的历史文化名城，只及于南城门、元帅府、洋人街等有限的几个点的传统的大理古城游显然已经不能满足旅游者对文化体验的要求。这就要求我们必须挖掘整理大理古城景观风物的文化内涵，充实大理古城旅游产品中的文化元素，丰

富和规范导游及其他旅游服务人员在大理古城旅游活动中导游
用语和服务用语的文化内涵及准确性，帮助游客在大理古城休
闲游览活动中尽可能细致全面地品味"原汁原味"的古城特色
文化，提升大理古城历史文化旅游的文化含量，彰显大理国家
级历史文化名城的文化魅力。正是出于这样的使命和目的，大
理州旅游局与大理学院经济与管理学院决定在有利于大理古城
保护的前提下，以古城墙为界，研究古城内历史文化、城市特
色、建筑风貌、街区特色、民居花园、手工制作、风味饮食及
名人轶事等古城特色文化和城内居民的生产生活特点，挖掘整
理大理古城景观风物文化内涵，编写出版《大理古城导游》。

　　《大理古城导游》以满足旅游者对大理古城文化休闲旅
游体验的需要为取舍和结构的依据。为便于导游讲解使用和旅
游者自助游览参考，全书按古城概览、景观精华、吃在古城、
逛在古城、闲在古城、住在古城和古城记忆等七个部分结构成
篇，其中"古城概览"分列历史沿革、建筑概貌、建筑意味、
大事记等篇章；"景观精华"按南城门、杜文秀帅府、五华
楼、红龙井、洋人街、玉洱园、文庙、武庙、蒋公祠、普贤
寺、大理天主教堂、清真寺、考试院、西云书院等古城观光旅
游活动中的主要景点分列篇章；"逛在古城"分列街区古韵、
民居花园、大理古城手工艺品等篇章；"吃在古城"分列美食
概览、古城的小吃、白族名菜、庭院餐饮、大理西餐等篇章；
"闲在古城"分列古城泡吧、休闲养身、花鸟古玩、古城狂欢
等篇章；"住在古城"分列古城客栈文化和古城特色客栈等

篇;"古城记忆"分列古城名人轶事、古城书院、古城地名拾遗等篇。七个部分内容各有侧重,每个板块中各篇章内容相互关联,力图为导游人员和游客构筑一幅点、线、面交织,涵盖行、吃、住、游、购、娱等各方面需要的大理古城休闲旅游图画。同时,为了兼顾"导游"言辞的清晰简明的要求和满足导游、旅游者探究、了解相关背景知识的需要,本书在部分篇章后提供了知识"链接"。

《大理古城导游》试图打开一扇向休闲文化旅游市场游客展示大理古城的历史文化、民风民俗和自然风光的旅游文化之窗,规范导游讲解内容,方便游客全面、准确地了解大理古城旅游。该书可作为大理导游培训专用教材、自助旅游者游览大理古城的旅游指南和大理当地居民进一步认识和了解大理古城历史文化特色的文化普及读本。

本书的编写和出版得到大理州、市相关领导的关心和支持,大理州旅游局领导高度重视书稿的写作和出版工作,提出了非常切实的策划、修改意见,大理州旅游培训中心领导为出版工作精心运作,大理学院经济与管理学院相关领导和教师放弃休息,深入大理古城的街巷人家采风、踩点,潜心写作、修改,云南大学出版社的相关编辑也对本书的出版倾注了极大的热情。本书的面世正是各界共同关心、支持和努力的结果。

大理古城文化源远流长、休闲度假旅游产品丰富,值得和需要向旅游者介绍的内容不可胜数,《大理古城导游》仅仅是我们在大理旅游文化建设和导游讲解规范化建设的又一次尝

试。书中难免存在疏漏和不足，恳请各界提出宝贵意见，以便
我们在今后的工作中加以完善和修改。

大理州旅游局

大理学院经济与管理学院

2010年12月

目 录

目录

●古城拾遗

●古城概况 ﹥﹥﹥﹥﹥﹥﹥﹥﹥﹥﹥﹥﹥

大理古城历史沿革

一说六朝古都大家就会想到南京，其实在我们祖国西南边疆也有一个六朝建政的古城池，这个西南边陲的六朝古都在哪里呢？远在天边，近在眼前。她就是我们眼前这座穿越了千年历史时光的大理古城。大理古城在大理市北部，点苍山中和峰麓，距市区下关13公里，总面积约3平方公里，是国务院最早颁布的二十四座国家级历史文化名城之一。

熟悉云南历史的朋友想必知道，在唐、宋时期，这里先后出现了南诏、大长和国、大义宁国、大天兴国、大理国等少数民族王朝，其中大理国以高氏篡国为界又分为前理国与后理国两个王朝。这些王朝均以大理古城为都，甚至到了元代及明朝初年，云南大理路的段氏十二代总管的总管府仍在此城，所以我们说她是一座名副其实的六朝古都可是一点都没有夸大。大理古城从唐到元甚至明初的六百年左右的岁月，一直是祖国南疆的政治、经济、文化中心。再加上她地处得天独厚的苍洱之间，旁近有众多的著名文物古迹，秀雅的自然风光，独特的人文景观，浓郁的民族风情，众多因素的组合使她成为一座具有独特魅力的历史文化名城。

大理古城作为古都的历史是从南诏时期开始的，只不过那时她还不叫大理城而是叫羊苴咩城。"羊苴咩"是什么意思呢？"羊"字不用我们多说，"苴"是幼小的意思，"咩"是羊羔的叫声。羊苴咩就是"羔羊城"的意思，据清代学者解释，这里风调雨顺，水丰草茂，是牧羊的绝好佳境，连娇弱的羔羊都能在这里幸福地成长，可见大理自古就是一个特别适宜生活和居住的人间天堂。早在六诏与河蛮并存时期，羊苴咩城就已具有城市雏形，是洱海地区一个较大的城邑。南诏王皮逻阁统一六诏、征服河蛮后，占领羊苴咩城。公元779年，南诏王异牟寻将王都从太和城迁至羊苴咩城，大理古城开始成为一个王朝的权力中心。

羊苴咩古城坐落在点苍山中和、龙泉两峰脚下，经过历代南诏王的经营建设，公元8世纪之时，已是一座占地十五里的大城，城池及城内建筑都非常完整，城东、西两面不设人工城墙，西依苍山为屏障，东据洱海为天堑，南北分别以龙溪和桃溪为天然"护城河"，沿两溪内侧夯土筑了两道宽厚的城墙。据唐人文献记载，古城城市布局为棋盘式。南、北两座城楼遥遥相对，中间由一条通衢大道相连，又分出许多街道。内城主要建筑为南诏王室的宫室和高级官吏的住宅，其建筑样式为：高大的门楼，左右有高二丈的台阶，青石板铺垫。穿越门楼进去走三百步到第二座门楼，两旁有两座门楼相对而立，门楼之间是高级官员清平官（宰相）、大军将、六曹长的住宅。进第二道门，走二百步又到第三道门，门后有照壁，照壁后约百步有大厅，厅内无柱。过了这座大厅，还有小厅，小厅后面就是南诏王堂皇的宫殿。这种君里臣外的布局与北京城里的紫禁城非常相似。公元856年，南诏王丰佑在羊苴咩城内修建了一座宏伟的迎宾楼——五华楼，作为接待西南各部落酋长的国宾馆。据记载，五华楼周长2.5公里，高30多米，可居住上万人，下面可竖五丈高的旗杆，是当时少有的雄伟建筑。忽必烈征大理时，曾于此驻兵，流连多日不舍离去，及至其入主中原后仍念念难忘，划拨专款加以修缮，让世人看到了这位铁血大帝脉脉温情的一面。

公元902年，南诏权臣郑买嗣发动宫廷政变阴谋篡国，灭南诏以自立，建立了郑氏王朝大长和国。公元929年，剑川节度杨干贞发动兵变灭大长和国，拥立赵善改建立大天兴国，后来又废赵而自立，改国号为大义宁国。公元937年，段思平灭大义宁国，建大理国。羊苴咩城作为南诏国的都城达123年之久，其后郑氏的"大长和国"，赵氏的"大天兴国"，杨氏的"大义宁国"，以及段氏的"大理国"，都以大理古城（羊苴咩城）为国都。在这些政权的更迭中，大理城都没有经过大的战火，受到破坏很小。在大理国三百多年时间内，整个城市规模也没有太大的改变。

这里可能有朋友要问：这座羊苴咩古城池是从什么时候开始变为"大理"城的？其名称的变化与大理国有没有关系？据明人杨升庵所著《滇载记》记载："羊苴咩城，凤（南诏第五世王阁逻凤）名之曰：大理城；又叫紫城。"看来，早在公元8世纪中叶，羊苴咩城就被称为大理城了。但有意思的是，这座寓意"大治之理"的古城池在大理国时期反而不叫"大理"，而是被称为"皇都"。

相比中原宋王朝的保守，大理国奉行较为开放的经济政策，通过"南方丝路"和"海上丝路"与东南亚、欧洲诸国的商人进行外贸。大理城各地贾商云集，成为国际城市，被称为"亚洲十字路口的古都"，与开封、开罗、伊斯坦布尔等一样，成为当时世界著名的大都市之一。

公元1253年，元世祖忽必烈革囊渡江，攻破大理城，灭掉了大理国，在云南设立行省，大理城为省会。公元1267年，忽必烈封其第五子忽哥赤为云南王，统治云南。忽哥赤的王府也是在大理，此时的大理城仍然是云南的行政中心。直到公元1276年，新任云南行省平章正事（相当于今天的云南省省长）赛典赤·赡思丁为了方便与中原地区的联系，把云南省会迁往昆明，大理城才结束了其作为云南行政中心的地位，"退居二线"成为大理路军民总管府的府治。城市规模也由云南第一大城逐步蜕变为云南省第二大城市。但大理古城对世人的吸引力并未因此而降低，公元1287年，意大利著名旅行家马可·波罗专程来到大理，在他那本著名的《马可·波罗游记》里，大理古城被称为"哈剌章"城。从南诏国到大理国的五百多年时间里，大理一直是云南政治、经济、文化中心，之后又经过漫长的发展、继承和发扬，成为中国历史悠久、文化发达、民族优秀、经济富足的一块宝地。

说到这里，细心的朋友可能注意到了，刚才我们给大家介绍的这座羊苴咩大理古城是一座山环水抱，只有南北两面城墙的天人合一的城池，而我们眼前的大理古城却是四墙四门齐备的"一颗印"形方城。这又是怎么一回事呢？这就要从明朝说起了。

　　明洪武十五年（公元1382年）明朝开国元勋沐英率军攻占大理，改大理路为大理府。因城中建筑多毁于战火，沐英派指挥使周能按明朝府城体例在羊苴咩城旧址内修筑了新的大理府城。据文献记载，新的大理府城"规模壮阔"，方圆12里，城墙高2丈5尺，厚2丈；东西南北各有一城门，上有城楼，分别叫做通海、苍山、承恩、安远；城的四角还有角楼，则名为颖川、西平、孔明、长卿。城墙的外墙为砖内夯土石，上列矩碟，下环城沟。城内市井俨然，布局呈棋盘状，从南到北有5条街，从东到西有8条巷。现在我们所看到的这座古城就是明初按明代府城体例重修过的大理城。相比当今一些地方日新月异的城市建设，大理古城始终坚守着自己的传统，尽管经历了六百多年的风雨沧桑和不计其数的战火洗礼，古城至今仍保持着纵横交错、棋盘格局式的街道和雄伟壮观的南北城楼，一条主街贯通南北古城门。街道两旁青瓦屋面民居、商店、作坊相连，一派古朴风貌。

　　清代，大理城不仅是大理府的府治和太和县县治所在地，同时也是云南提督衙门所在地。

　　康熙三十年即公元1691年，云南提督偏图将提督衙门设在大理古城。偏图虽然出身武将却颇有文思，其在大理为官15年，深感大理的人文兴盛，于是就向朝廷申请了"文献名邦"匾额。这一块匾，如今高悬在文献楼上，斗大的绿字，黑底，苍劲醒目，也是提督偏图亲笔所写。

　　康熙三十二年即公元1693年，太和县知县张泰交拆了原四门楼，重建了四门楼，改东门为"永清"，西门为"永镇"，并将城内鼓楼取名叫五华楼。光绪年间城楼建筑又经过三次重修，四楼名称也最终改成了今天所用的"洱海"、"苍山"、"双鹤"和"三塔"。据民国初年编纂的《大理县志稿》记载："今城高二丈四尺，砖表石里，上置敌楼十五座，铺三十九所，周围七里三分，垛一千五百六十个。东门名洱海，西门名苍山，南门名双鹤，北门名三塔。四门城楼各高二丈二尺，宽四丈八尺，四隅为角楼，池阔四丈，深八尺。"

新中国成立后，大理古城一度是中共大理地方委员会和大理区专员公署驻地，今天，由于古城保护等原因，古城内的机关单位已逐渐迁出，大理古城也已发展成为游人喜爱的旅游度假胜地。

各位朋友，大家没有想到吧，小小一座古城不仅有着长长的一段往事，而且还承载着一个又一个王朝兴盛衰亡的历史。如今，南诏和大理政权所创造的一隅辉煌早已随着大理政权的覆灭而消逝了，曾经王者云集的古都也成为游人享受美好生活的乐土。

大理古城建筑概貌

大理古城建筑沿革，可追溯到南诏都城太和城。太和城遗址至今残存南北两段城墙，原南城墙残存约1.2公里，北城墙残存约2公里。城墙皆用夯土筑成，夯层约7~8厘米，城东西两面分别利用苍山、洱海做天然屏障，不筑城墙。太和城的建筑习俗是"垒石为之"。

唐大历十四年（公元770年）第六代王异牟寻，将南诏都城北迁至羊苴咩城。仿造唐都长安格局建造了"六街三市"、"延袤十五里"的大城。仍如前代建筑南北城墙，东西面仍以苍山洱海做天然屏障。今大理城西梅溪南岸，还残存古城墙一道，长约1公里，高出地面4~5米，大部分用夯土筑成，少部分用砖筑砌。

至明洪武十五年（公元1382年），在大理国都城羊苴咩城东部遗址上重建大理城。即现在的大理古城。然而，新的大理城，与前朝有两个明显不同的特点：一是占地仅为元代以前大理城的一小部分。二是在建筑方面，城墙构筑，南诏、大理国时期城墙基本上用夯土构筑，此时采用了内地的砖砌城墙，先用大理丰富的石块砌筑内墙，再用厚重的砖砌外墙，即外砖内石，既有牢固的实用价值，又有凝重的审美价值。同时城门也增到四座，据正德《云南卷》卷三《大理府城池》记载："洪武十五年建，周围一十余里，四门，东曰通海，南曰承恩，西曰苍山，北曰安远，其上各有楼。"四门及城楼巍峨壮阔。

清代大理城布局、结构基本上沿袭明制。

现在的大理古城，其建筑布局、形式、风格等均继承了明清古城的风貌。

大理古城总面积约3平方公里，为正方形布局，城每边长1500米，方围6000米，城墙高约8米，底宽12米，顶部宽7米，设垛口1560个。东西南北四座城门均为两层重檐歇山顶建筑，金黄色琉璃瓦。四门对称，雄伟壮阔。城内道路采用我国商代就有的方格网状，主轴线是贯通南北城门的主干道复兴路，东西向的主街人民路、玉洱路、护国路与主轴线垂直相交，形成纵横交错的棋盘状道路网。井然有序，聚散合理。街巷由大理本地石材青石板铺就，屋顶多为青瓦屋面，街道两侧挖明沟排水，有大沟穿城而过，形成街街流水的格局。现所见南北城墙均为重修，较规整，东西城墙残存夯土层，现有树木成林，郁郁葱葱。东北角与东南角各有一个水库，面积不人，但富于生气，一方面可调节古城内气温，另一方面水面碧波荡漾，充满灵韵。两水库东面皆为旧时城墙，墙外是护城河。

古城内地势为西高东低。城内建筑亦依赖地势的自然属性，各类建筑及街区布局有明显的功能区分。总体为南重北轻，西重东轻。官衙大多居于西面，民宅大多居于东面，体现官衙高于民宅的"礼"的观念。城南是政治、文化、军事区域；城西大多为官衙区域；城北多为手工业者及小商贩居住；城东大多为民居。商业街集中于南北城门一线的复兴路，依次被分隔为南门街、五华街、卫市南、崇文街、四牌坊南、四牌坊北、鱼市口街和北门街。"巷"为与主街成"井"字形相关的"小街","坊"即居住区域。

大理古城内建筑代表着不同层次的三种文化类型。

第一种是以官文化为载体的官式建筑。

官式建筑除前面所述城门、城墙以外,代表性的有杜文秀帅府、五华楼以及宗教寺庙建筑。

杜文秀帅府位于复兴路南侧,其建筑特点是:主体建筑用砖石砌筑,周围亦夯筑土城。因城中有城,有"紫禁城"气势。后来帅府改为杨玉科大理提督府衙门,杨玉科为兴建爵府,将土城和楼房拆除。现仅保留五号院一幢。帅府正门对面,为旧时演兵习武的校场,面积宽广,现为部队驻地。

五华楼于公元856年修建,《南诏野史》记载:"大理府城内滇王晟丰佑建,方广五里,上可容万人,下可建五丈旗。"《史记》记载:"先作前殿阿房宫,南北五十丈,上可坐万人,下可以建五丈旗。"可见,原五华楼与秦朝阿房宫的规模有相似之处。其建筑特点是:(1)砖木结构。楼的基础为石料,墙柱用砖墙砌筑,柱子、楼板、屋架用木结构。(2)层楼叠阁,雕梁画栋,殿宇轩昂。现在的五华楼,于1999年修建,是一座片麻石台基的阁楼,与原五华楼无可比拟。

宗教寺庙建筑中较为典型的有西门清真寺、南门清真寺、基督教堂和天主教堂。

西门清真寺位于人民路向水关上街北面,是大理古城中建造年代最早的清真寺,相传始建于元世祖至元年间。其建筑特点是：（1）正门在大殿中轴线右侧，左右厢房建筑面积不同，位置也不对称。这种不对称的临街民居式平面布局在大理绝无仅有。（2）整个寺院结构严谨，不建教拜楼，具有地方建筑特色。南门清真寺位于博爱路中段。其建筑特点是：（1）亦没有教拜楼建筑。（2）是典型的大理四合院平面布局的清真寺。基督教堂位于北门大水沟北街口，于1914年建成滇西最大礼拜堂，可容二百人左右，1925年被地震破坏，1926年修复。其建筑特点是：（1）石的使用。整幢教堂外墙均为石砌清水石灰勾缝墙体，墙脚和墙裙用条石支砌，檐下用青石板封檐，有强烈的粗犷，简洁的石质感。（2）四角攒尖顶上置十字架的钟楼，除了满足宗教使用功能外，还影射了哥特式宗教建筑向上动势的意念。（3）教会所属的生活设施等建筑，是大理当地三坊一照壁、四合五天井的民居建筑，大理白族把基督教建筑文化融合在地方特色的大理建筑文化之中。天主教堂位于新民路中段，其建筑特点是：（1）教堂西立面入口处门面有四个层次瓦顶，其面宽逐层收缩，以底层柱廊到钟楼顶，构成底宽上尖的类三角形，体现了哥特式建筑向上动势的含义。（2）正立面门廊构图是白族民居三叠水模式。（3）整幢教堂用的是木构体系，具有白族建筑的地方风格与特色，因地制宜，因材施用地把欧洲天主教堂建筑文化融合在白族地方建筑文化之中，创造出具有白族地方建筑特色的天主教堂。

第二种文化类型的建筑是与文人有关的建筑。

大理古城内与文人有关的代表性建筑有文庙、西云书院、考棚等。

大理文庙建于元至元年间，现仅存大成门。

西云书院位于大理城中部，坐西向东。书院总体布局是：（1）从大门由东至西沿纵轴线排列为四个院落。（2）从东到西逐院升高，各院内建筑高低错落，布局得当，使空间层次较多而富于变化。（3）在布局、结构及工艺手法等方面，都沿用了白族民居建筑的传统风格，体现出白族民居建筑特色。

大理府考棚位于复兴路北段西侧，是清代云南西部各州童生考秀才的试坊。现有建筑为清同治十二年（公元1873年）重建。建筑坐西向东，依次为照壁、侧门、过厅、正堂、考棚、后院。考棚为单檐歇山顶，面阔五间25米，进深四间19米，高25米，斗拱挑檐，雕刻精美。

第三类是以民俗文化为载体的民居建筑。

在大理古城中较典型的有"三坊一照壁"、"四合五天井"等。

"三坊一照壁"是大理民居中数量较多的一种布局形式，其典型布局是由一正房、两厢房组成的"三坊"房屋与照壁合围成院落。照壁常面对正房。在合围的庭院中都种植花木，使居住环境更加优美。

"四合五天井"也是大理民居典型的平面布局形式，与"三坊一照壁"的区别是：规模较大，由四坊房屋合围组成，无照壁。但与通常所见的四合院不同，除当中有一个正方形的大院子外，四坊交角处各有一个小院，称为漏角天井，大小共五个庭院天井。各坊的房屋多为三开间二层楼，明间稍大，漏角天井的地方一般设有耳房。

另外，城中还有众多重院民居。重院民居有以两个"三坊一照壁"及门道、门楼拼连的，也有以两个"四合五天井"及门道、门楼拼连的和一个"三坊一照壁"与一个"四合五天井"组成的，还有由"四合五天井"或"三坊一照壁"向纵、横双向拼连组合成的。

另外，能反映大理古城建筑文化品格的建筑文化元素还有木构架、墙及装饰等。

木构架。古城内建筑的木构架体系，形成了灵活多样的形制。多有穿斗式、抬梁式形制。如正房中间多为抬梁式或混合式，减少屋内柱数。山墙多穿斗式，加强稳定性，在屋面的处理上，屋脊间尺起寸，共升起三寸左右，较之《营造法式》规定的"三间生高二寸"有所加强，其作用是强化屋脊曲线，这是大理古城内民居建筑的重要特征。木构架技术在官式建筑中大致为三类：殿堂式、阁楼式、杂式（包括亭子、牌坊）。在民间建筑中，民居多为两层楼房，大多是抬梁式、穿斗式。

墙。"金包玉"墙体，是传统土坯墙的演进。在土坯墙体外包砌青砖，外层青砖纵横交错叠砌，防雨防蚀，凹凸的内层咬合土坯墙体，既有实际功用，又有视觉美感。砌筑"鹅卵石墙"需要大小石头配置。转角处多用大块方整石条垒砌，增加墙体稳定性。墙体中部用小石垒筑，小石尖头向外，表面凹凸不平，有棱角，以保证墙体坚实。墙体自下而上略有收分，整体墙面均匀，有极好的传力体系与弹性性能，墙体顶加盖石块，其视觉与机能和瓦相似。石、砖、土三合一的墙体，该墙体工艺可用口诀表述："条石做墙角，加强四大角；角柱料石砌，或作金包玉；墙分上下段，楼面为界线；下石上土基，厚度不改变；砌墙要错缝，竹木做墙筋；墙顶石板封，山墙加腰檐；粉面、贴砖、穿花衣。"

装饰。表达人的心理情怀，唤起欢快情感，是装饰产生、发展的情感机制。古城内建筑装饰中，以壁画、雕刻、泥塑三者最具特色。风韵独到的壁画，巧夺天工的雕刻，叠彩纷呈的泥塑，可称装饰中"三绝"。古城内建筑装饰可分为外墙和室内两类，具体内容如外墙装饰、室内装饰、后墙装饰、山墙面装饰、照壁装饰、大门装饰、屋顶装饰等。

如果说大理白族建筑是一首动人的交响乐，那么，大理古城内建筑，只是白族建筑旋律中的一个片断，而不是全部。建筑在历史中流动，而不在历史中凝固，大理古城内建筑如此，大理白族建筑亦如此。古城经典建筑已铸就了灿烂，大理白族建筑蕴蓄着辉煌。

大理古城建筑的文化意味

建筑不是孤立的，地域的自然条件和民族的文化特性，决定着建筑的形成和发展。

大理坝子的自然条件是气候温暖湿润，四季百花争艳。所谓"四时之气，常为永春，寒止于凉，暑止于温，寒暑适中"。大理古城建筑亦是先有太和城、羊苴咩城、大厘城、龙口城等的城镇集群的建筑文化观念，又在这种观念积淀的基础之上发展起来，有白族文化本底，又有兼容、吸收外来建筑文化的缩影，还追求建筑文化的嬗变与发展。也就是说，在自然与历史的双重雕琢中，古城建筑作为人类存在的一种形式，一种人类生命的体现，表现了建筑与人的和谐，与自然的和谐，承载着白族建筑师们对自己民族的钟爱和对自己乡土的理解。

古城内官式建筑。官式建筑追求雄伟壮观，具有"非壮丽无以重威"的"大壮"思想，表现其神圣权威。规模、体量、造型、色彩、装饰等都要求与众不同。在具有实用性功能的同时，更重要的是具有精神性功能，是地方建筑艺术和建筑技术的最高成就的代表，带有时代性纪念意义。从数量上说，官式建筑在复兴路南侧较多，一是地势高，表现权威性；二是建筑制式体现尊卑；三是体量相对大。古城建筑有自己的独特之处。首先，在建筑材料的选择上，"木"、"石"有建筑文化的表意性，追求与自然和谐的朴素意识。其次，注重建筑文化的装饰特征。重檐斗拱、墙面、门窗、照壁等装饰，遵循规则，又随心所欲；放纵自如，又寻意聚理。再次，具体建筑制式，思考抗震功能。所以古城建筑表现了兼容并蓄、励志守正的意味。如城门、城楼、城墙、杜文秀帅府等官式建筑，在观念上认可其权威性，建筑上仍然是本土意识的表达。

古城内的宗教建筑一方面满足宗教功能，另一方面体现宗教建筑特色。但是，更具有白族建筑风格。清真寺、天主教堂、基督教堂各式外来宗教建筑皆如此。

古城西、南门两大清真寺，其建筑特色除了保留伊斯兰教建筑的大殿进深小，面阔大、坐向西靠麦加方向的定制以外，基本上没有受外来建筑文化的影响。首先，其采用的是白族传统的合院式布局。其次，采用白族传统的木结构殿宇式建筑式样。再次，西门清真寺正门在大殿中轴线右侧，左右厢房建筑面积不同，位置不对称。最后，寺中没有教拜楼建筑，等等。说明在建筑手法上显示了白族民居建筑的地方特色。

古城内基督教堂与天主教堂。基督教建筑要显现政教合一的宗教世界观，而古城内的基督教堂有明显的地方特色。第一，是石木结构体系；第二，是合院式民居建筑。说明在东欧兴盛的基督教堂建筑文化，不能完整地在古城内扎根，它被融合在白族建筑文化之中了。神圣的政教合一的宗教意识，在这里被淡化了。天主教堂亦如此，整幢教堂用的是木构体系，正立面门廊构图是白族民居三叠水模式。

由此，古城内宗教建筑的宗教意味，被世俗化、生活化。

接受外来宗教建筑是一种开放意识，具有多元化建筑文化倾向；将其融入白族地方建筑特色中，是理性的选择，具有兼容并蓄的胸怀。宗教的枷锁只存于形式之中，重视生存，重视自由、奔放，才是生命的永恒。这种观念，在外来宗教建筑形式中，被图解了，意蕴深刻。

以文人文化为载体的建筑。与文人有关的建筑，适合文人心态，在封建文化影响下的文人思想具有双重性：或得意时的"入世"，或失意时的"出世"。反映到与文人有关的建筑上，既追求"大壮"，也追求"适形"，综合起来是适情型建筑。其核心是力求体现儒家"礼"的道德理想。合院式建筑的空间秩序与"礼"所规定的尊卑、贵贱等人际关系具有同构性，是寓儒家的教化于建筑的物化空间之中。大理文人建筑的主要倾向是克己自律，体现简约淡泊的人格，是大理文人适情型建筑的重要价值。在封建社会中，儒家思想占有统治地位，文庙、书院、考棚等古城内文人文化建筑，是传播儒家文化、行礼习仪的场所，其建筑基本体现了儒家文化思想体系的要求，表明开放、接收、丰富是白族文化的品格之一。

以民俗文化为载体的民居建筑。其建筑与官式建筑相比，限制较少，结构相对简单，但意蕴丰富。大理的民间建筑在引进中原技术的基础上，经过消化吸收和再创造，形成自己的完整的建筑技术新体系，不论木构技术，砖、石技术，还是雕刻、装饰技术等方面，都达到至精至美的水平。在建筑的价值观念上，既接受了儒家精神，又延续了民族传统，在木构技术、砖石泥瓦技术以及彩画、装饰等方面，都形成了大理特有的建筑风格，在不同层次上构建了新的建筑文化，因而，其建筑意味最为丰富。大理传统的"三坊一照壁"、"四合五天井"等合院建筑，因为入口曲折，以庭院天井为中心组织平面，功能齐全和分区明确，装修装饰色彩鲜明以及外部造型轮廓丰富等原因，具有的建筑意味是：（1）"礼"制思想的影响。合院式民居的空间秩序几乎与"礼"体现的人际关系等同，表现"中正无邪"、"尊者居中"的"礼"的思想。（2）形成对外封闭、对内开敞的内向性空间，得到天伦之乐。（3）含蓄的审美意识的表达。人与自然和谐、人与人和谐的审美观念体现在"庭院深深"之中，所谓"以天地为栋宇"。希望建筑与自然融为一体，希望居住者与自然直接交流。在合围的空间中与自然相融在内部的生活中，完善自我。（4）享受合院内空间自主的满足。"隐"和"静"在合围的空间中实现。自由、随意亦在合围的空间中得到。（5）通过庭院艺术实现诗情画意。照壁的古雅、花木的意趣、彩饰的诗情等，尽在其中。

石、木。古城建筑中使用的石、木等材料和装饰，也有着丰富的意味。

石，质地坚硬，曲线柔美，刚中有柔，刚柔相济，"鹅卵石"作为砌墙的材料，表明人类对大自然的依赖，是对大自然赐予的一种感怀。"鹅卵石"自然天成，坚韧不拔的品质，与当地居民的淳朴、刚强相契合。用"鹅卵石"砌的墙，富有棱角，坚实可靠，无人工雕琢的造作之态。作为建筑装饰的大理石，在素白的底板上跳动着、包含着丰富多彩、意蕴万千的美的特征，其线条、画面、色彩的动态性，可让观赏者任意编织，直到取得与自己心灵的和谐与共鸣。条石、石块、石板等均各有意味。

木，生机勃勃，挺拔粗壮，柔中有刚。"木"的机理，不仅强化构件的整体性联系，使屋架抗震防风的弹性性能更加完善，而且在门、窗等的雕饰中，寄情于"木"，展现人祈望吉祥、康寿、富贵等心理。在"木"的功用形态上表达对生活的理解，对美好的祈求。

装饰。装饰依附于建筑主体，又有独立的艺术性。古城建筑装饰具有社会意义，其功能包括识别、完美、教化等，表面的装饰形象往往具有深刻的内涵。如装饰中的莲花形象，表达高洁品质。装饰的目的不只是形式的纯美意象，更主要的是表现人们共同认可的内在含义。这是古城建筑装饰的意味，其原因是：其一，古城共同的文化土壤，利于心理沟通。对装饰的形式图案，不需要中介理解，而是直观性把握。其二，相似的审美心理机制，约定俗成的审美标准。在社会生活中，对美的认识通过装饰表达，装饰起着美的固化作用。装饰的线条、形体、色彩等具有独立性、普遍性的形式组合，不论出自何处，都能唤起人们相应的美感。例如：用大理石装饰材料，以黑白线条构成自然质朴的机理，传达纯净、质朴、刚毅的审美情感。其三，在装饰中，表现人的本质的丰富性和多样性。各种装饰形象的暗示、喻意、象征，都是一定的主观感情表达。

也就是说，大理古城的建筑意味，是自然使然，历史使然，同时又是理性选择、情感表达的结果。

【链接】

● 大理古城内民间建筑空间实体的基本单元是："间"，是横向拼连成住宅的基本组合体，大多由三开间组成，明间较次间宽，进深根据地形决定。"廊"，房屋面向内庭设廊，有三种形式：只有明间设廊的；三开间均是"廊"的；四面相连通的——走马廊。"厅"，厅、堂大多布置在正房轴线中的明间位置上，居中设有六扇或八扇可拆卸的雕琢精细的格子门。"门楼"，是民居总入口的标志，常作为两个不同空间环境的转换点，可分为有厦大门和无厦大门，大门装饰丰富华丽，形式各异。"门道"，大门与外部街道直接相连时，常设位置方向不同的第二道门，两门之间的过渡交通空间称门道。设置门道，一方面由外入内起到缓冲过渡作用；另一方面是有防御性及风水观念。"正房"，是全宅的主体建筑，布置在中轴线核心部位，是建筑群体组合的中心。"耳房"，紧贴正房一端或两端山墙的阁楼，开间数不等，较正房小。"庭院天井"，是住房内部的室外空间，一是满足通风采光、排水、家务及绿化美化居住环境功能；二是建筑与自然结合的一种说明；三是体现对理想生活的审美要求。"照壁"，面对正房视野的一面围墙，比例尺度匀称，上有大小不同彩绘。一方面大片的白粉墙能反射光线，增加室内采光；另一方面结合庭院绿化，形成优美典雅环境。

● **景观精华** >>>>>>>>>>>>>

古城南城门

南城门是大理古城的象征和标志，凡是到过大理的游客都到过南城门。由于大理西靠苍山东临洱海的特殊地理环境，使得南城门在古城的东、南、西、北四座城门中，成为"南北通衢"的必经之道，当地人也把它看做是大理古城的正大门。

或许大家刚才已经注意到路边巨石上刻着的"双鹤拓疆"四个大字，这是什么意思呢？这和我们大理先民的由来有关。传说洱海水从天生桥初泄时，这里的森林遮天蔽日，没有人敢进来，只有两只仙鹤出入其间，人们沿着仙鹤的足迹才找到这块宝地。因此，大理古城又被称为"鹤拓"，意思是仙鹤开拓的疆土。所以，清光绪年间重修古城门时，将其名为"双鹤门"。

各位请看，在你眼前的这座城门就是古城最南边的双鹤门，也是古城的入口处，是大理古城内最古老的建筑，距今已有600多年的历史。城门上这座巍峨的城楼，当地人把它称为南门古楼，城楼为重檐歇山顶建筑，四周是用大理石栏杆做成的围栏，楼体前后有古色古香的剑川木雕格子门，窗是木雕花窗，雕梁画栋，彩绘装饰，琉璃瓦木梁，四角起翘的斗拱飞檐，梁柱纵横相连，整个建筑是大理古城内官式建筑的典型代表。

　　大家看，城门上"大理"两个字是文学家郭沫若先生1961年来大理时亲笔题写的。关于"大理"一词的来源，据史料记载，最早来自于南诏国第十一世王世隆的国号"大礼"。当时世隆极力倡导佛教，广建寺庙，兴起了学习中原文化之风，想以礼治国，因此改国号为"大礼"，当时的"礼"是礼貌的"礼"。到了公元937年，通海节度使段思平联合滇东三十七部灭了大义宁国，并建立了自己的政权。为了将当时混乱的局面进行一番彻底的治理，因此将国号更名为"大理"。此后，"大理"一词沿用至今。

　　好，请大家随我到古城参观，我们一起从城门之下通过。经过历史的变迁、岁月的洗礼，城门的城砖变得古迹斑斑。整座城门据说当时是用毛发及煮熟的糯米浆砌砖而成。从这城门下通过，大家是否有穿过时空隧道的感觉，仿佛回到了古代，来到一个远离尘嚣的世界。

　　穿过城门，回头看，在城门后方还有佛龛，龛内有佛像，这样的现象除了在大理您在其他地方的古城楼是看不到的，因为佛教在过去的大理地区非常盛行，大理国又被称为佛国，这些佛像是大理作为妙香古国的重要见证。

杜文秀帅府（大理市博物馆）

各位朋友，眼前的这座"总统兵马大元帅府"是我们进入古城看到的第一座宏伟建筑群，是人们了解大理历史的重要场所。"总统兵马大元帅"指的是清末大理地区反清起义军的领袖杜文秀，他领导的反清起义与洪秀全领导的太平天国运动南北遥相呼应，有力地支持了当时的太平天国运动。

帅府所在地原为云南提督衙门，公元1856年，滇西爆发了以杜文秀为首的反清起义，起义军攻占了当时的大理府城，推举杜文秀为"总统兵马大元帅"，改提督府为元帅府。帅府建有前殿、后殿两大院，设午门，筑天子台、立丹墀，并建有偏殿、南北花厅，设有议事厅、军机处（白虎堂）、起居室、书房、侍卫室、储藏室等房舍，成为规模宏大的建筑群。帅府四周筑有高墙，设有砖石砌成的城垛，当地人又把它称为"紫禁城"。十八年后（公元1872年）起义失败，帅府恢复为提督府，辛亥革命后先后为腾（冲）大（理）师管区、楚（雄）大（理）师管区及滇西师管区司令部驻地。新中国成立后移交解放军十四军，建为幼儿园。1986年移交地方政府，建为大理市博物馆。经过两年的筹建，1988年10月1日大理市博物馆正式开馆，该馆坐西向东，占地面积25 000平方米，属于综合性博物馆，是大理市文物收藏、陈列、研究机构。当时，专家们根据史料记载，按元帅府格局逐步修复了议事厅、白虎堂、紫禁门、大门、书房以及紫禁城南城墙，总建筑面积为2656平方米，仿古建筑被分别作为陈列展厅及文物库房使用，整个建筑布局严谨，错落有致。从建筑风格及格局来看，基本保持原有的清代建筑风貌，且整个布局将陈列展览与园林古建融为一体，形成了大理市博物馆独特的风格。大理市博物馆的陈列布局为一厅、六馆、一区，分别为历史文物展厅、陶俑馆、佛教艺术馆、书画艺术馆、大理白族扎染艺术馆、杜文秀起义图片展馆、大理市重点文物保护单位图片展馆、碑林区。

从东面临街的大门进入，大约25米的地方是紫禁门，紫禁门西行25米拾阶而上为元帅正堂，大门左右两侧还能看到杜文秀当年撰写的楹联"天生英雄扭转中原世界；地出豪杰戳破胡儿乾坤"。从1990年开始这里被修建为历史文物展厅，陈列面积为192平方米，展出藏品149件，陈列设计采用大通柜式陈列手段，以时代为序，精美的出土文物为主，史物结合，直观、真实地再现了大理从新石器时代到元明清时期的灿烂文化和悠久历史。其中的珍品有1982年在下关大展屯汉墓出土的东汉青铜双龙衔柱摇钱树：两蟠龙首尾相连，合并为椭圆形底盘，两龙昂首张口，口中垂直一铜柱，柱高31.5厘米，柱上绕一条细长形龙，柱顶部有一"十"字交叉，两边各铸有一个小方孔用以插摇钱树树枝，摇钱树主干呈扁圆形，树枝上铸有方孔圆钱。"摇钱树"是传说中的宝树，摇摇它就会落下金钱来，可惜作为珍贵的馆藏文物，我们只能一睹为快。在各类展品中，1965年大理苍山中和峰出土的明代李氏墓中的舞乐俑以及1960

年大理三月街出土的韩政夫妇合葬墓中的陶俑，形态各异，栩栩如生，具有较高的艺术和研究价值。苍山中和峰下余家田火葬墓地出土的一套彩釉陶十二生肖（共13件）高均为7.5厘米~13厘米，保存完好、形态逼真，施釉技术已达到较高水平。此外，1956年在凤仪北汤村法藏寺发现的明代四大天王木雕像通高1.27米，服饰精美、形象生动，显示出白族人民高超的木雕手工艺。上述藏品都堪称馆藏中的精品。

大堂后是原杜文秀帅府的议事厅，为四合院式建筑，这里设有长期专题陈列展和短期专题陈列展：长期专题陈列展包括2002年新增的陶俑馆展厅面积192平方米、佛教艺术馆展厅面积58.7平方米、书画艺术馆展厅面积58.7平方米、大理白族扎染艺术馆展厅面积30平方米、杜文秀起义图片展馆展厅面积45平方米、大理市重点文物保护单位图片展馆展厅面积200平方米。

四合院左侧为办公院及文物库房，办公院正前方是碑林和钟亭。其中，碑林占地面积1950平方米，是云南省目前最大的碑林，收集了大理国至清代的200余通碑刻，其中"山花碑"是用汉字记录白语的仅存硕果，距今已500多年，是白族著名诗人和学者杨黼所作，碑文主要赞颂大理的美景风光和抒发个人思想感情，需用白语才能诵读。

大理市博物馆虽然只是个市/县级的博物馆，但馆藏的文物有很多国宝级文物。1991年，馆内佛教文物四大天王像被云南省文化厅选送到瑞士、日本等国参加云南佛教艺术展，受到国际文物界极高的赞誉。1993年11月，这里被云南省政府公布为第四批重点文物保护单位。2006年馆内的彩绘陶十二生肖及各类佛像共40余件被选派到广州参加云南省博物馆在广州南越王墓博物馆举办的"云南文物精品展",引起了海内外学者的极大兴趣和广泛关注。

【链接】

● 考古大事记:大理市博物馆建馆至今,先后抢救性清理了新石器时期墓葬2座,明代墓葬3座,1993年3月至6月和1995年3月至6月与云南省文物考古研究所联合,先后两次对凤仪大丰乐火葬墓群进行发掘。1996年3月至5月,参加云南省文物考古研究所主持的下关苗圃山古窑址发掘。2003年10月至2004年5月和2006年3月至5月先后与省文物考古研究所一同对大理海东银梭岛贝丘遗址进行发掘,为研究洱海地区新石器时代及汉晋时期的历史文化提供了大量的实物资料,具有较高的学术研究价值。2004年4月至5月对大理凤仪狮岗村"大理窑"进行勘探调查,确立了"大理窑"在云南乃至中国陶瓷考古研究中的地位,2004年11月至2005年5月配合大凤公路建设,协助省考古所对大理羊苴咩城遗址和太和城遗址进行抢救性发掘,出土了大量南诏、大理国时期的文物,同时在国家级刊物《考古》、《文物》及《云南文物》、《大理文化》等省、州级刊物上发表了40余篇发掘、清理报告及学术论文。

● 研究成果:建馆至今,先后注释出版了《山花碑》、撰写了《大理文物志》,参加了《南诏大理文物》、《大理金石录》等书的编辑整理工作,2002年6月,与省文物考古研究所共同对凤仪大丰乐发掘资料进行整理、研究,出版了20余万字的考古研究专著《大理大丰乐》,2003年8月出版了《大理市博物馆藏品精粹》一书,全面系统地介绍了馆藏品。

五华楼

大理有五座楼，其中最有名的就是五华楼。大家看，坐落在大理古城中心复兴路上的这座富丽堂皇的四层高楼，它就是名贯古今的大理名楼——五华楼。据《嘉靖大理府志》记载，五华楼始建于唐大中十年，南诏劝丰佑所建，"广五里，高百尺，上可容万人，下可建五丈旗"，是南诏王宴请招待西南诸国君长的场所，也就是当时的国宾馆。元世祖忽必烈征大理时，曾经驻兵楼前，流连于楼中多日不舍离去，此楼差一点就改变了中国古代的历史。至元三年，元世祖忽必烈虽已入主北京，心中还牵挂着这座远在西南的楼宇，赐重金修纂五华楼。明初，这座历史上雄镇南疆的五华楼毁于战火。现在大家看到的五华楼始建于明洪武年间。明洪武年间重修大理古城时，这里曾是南城门；后来城池向南拓展数百米，原南城门楼便成为城中鼓楼。后来人们为了纪念大理古城历史上五华楼的胜迹，便将此楼也称为"五华楼"。楼檐下悬有巨匾，写有"五华楼"三字。楼中置有巨钟、大鼓，登楼眺望，苍洱相倚，天地相连，"檐栏横导岫，台阁接风云"。明人称之为"襟山带海楼"，大理16景之一的"谯楼襟带"正是这一景观的写照。20世纪30年代，大理县曾设通俗图书馆于楼内。20世纪50年代，该城楼因年久失修拆除。现在大家看到的五华楼是1999年大理州政府拨款按明清时五华楼旧观修复的，其规模与历史上南诏大理国时的五华楼已经不能相提并论。

　　修复后的五华楼其建筑风格吸取了典型的白族民居"四合五天井"的精髓，以五华楼中心为主体，配以四角的重檐小方亭，同时在周围安排了四排民居建筑风格的两层重檐铺面，四角处的空间留出了四个小"天井"，形成了一个无论从平面布局，还是建筑风格都具有浓郁白族特色的建筑群体。主体建筑的设计吸取了巍山的北城楼、永平金光寺和鹤庆云鹤楼等明清古建筑的特点，为挺拔、古朴、端庄的四层建筑，高20多米。一层为台座，在上面建楼。台座用大理方块石砌成，有9米多高，十分坚固精美；台座顶四周是用大理石栏杆做成的围栏，显得美观大方；台座的四方开有古色古香的楼门。上面三层楼室的门是剑川木雕格子门，窗是木雕花窗，雕梁画栋，彩绘装饰。楼顶和屋檐是青瓦木梁、四角起翘的斗拱飞檐，梁柱纵横相连，四面八方互相呼应，好像一只展翅腾飞的凤凰。再配上莲蓬状的宝顶，整个建筑气势恢弘，古朴庄严。特别是临近傍晚，华灯初上，五华楼更显得精美华丽，成为大理古城一大胜景。

　　登上五华楼苍洱风光尽收眼底，城内青瓦坡面的白族民居、雄伟的东南西北四门城楼也一览无余，五华楼已经成为大理古城内的制高点，是观赏古城全貌的首选之地。

红龙井

朋友们，欢迎来到红龙井水景街游览！红龙井水景街是大理古城内不能错过的景点。过去，大理古城内除了来自苍山的溪水，还有很多古井，这些水质甘甜的古井分布在古城各处，在没有自来水的年代，众多的井水就成为古城居民生活用水的主要来源。人们也就自然地用老井的名称来指代一条街道或者一片生活区。这里过去有一眼井叫红龙井，红龙井是大理城"鼓楼外（现在的五华楼外）"居民们生活用水的主要来源。后来当地人就用"红龙井"来指代这条全长408米的街道，用街边一眼井的名称来代替整条街道的名称体现了大理古城人散淡的个性。

大理之所以成为世界著名的山水园林城市，在很大程度上得益于苍洱美景。但大理古城真正的美却在于水。在于清凉甘冽的苍山雪水，在于烟波浩渺的洱海湖水，在于性格各异的溪水，更在于城中神秘清甜的井水。千百年来，苍山为骨，溪水为魂，苍山溪水自西向东穿城而过，给这个城市带来了无限鲜活的生命力。这百转千回的溪水，顺着水道流过千家万户，不仅增添了古城无限的静谧与温柔，同时也造就了大理"家家门前有流水，户户房前柳成荫"的古城水景，更重要的是这水也给大理留下了众多关于水的绵长记忆和脍炙人口的传说。这不，关于红龙井就有"玉白菜"的传说。

　　相传很久以前，苍山脚下有个叫俞大香的孝子，为救生病母亲的性命，受仙人指点，跳入红龙井中偷取龙王的法宝"玉白菜"，守护玉白菜的红蛟龙为大香的孝心感动，在它们的允许下，大香摘取了铜钱大小的白菜叶回家，终于使得母亲转危为安。后来，南诏王太后重病缠身，俞大香应召进宫，用玉白菜叶救活了太后，被封为"晋宝状元"。大香的奇遇引来太和城中一个贪欲无度的土财主贾家藻的羡慕，于是他也跳入红龙井，以家境贫寒母亲重病为由向蛟龙骗取玉白菜叶，蛟龙受骗，许其摘取铜钱大小的玉白菜一枚。谁知，贾家藻在贪念驱使下掰下了整棵玉白菜，整个大理坝子顿时剧烈地震动起来。原来大理坝子下面都是水，就是靠这棵玉白菜才将整个坝子支撑起来的。结果是，蛟龙震怒，葬贾家藻于龙爪下。据说，一直到现在，那棵玉白菜依然在大理城中的五华楼下，支撑着大理坝子，但是，自从那片玉白菜被贾家藻拉倒以后，大理就常常发生地震了。这个故事在大理民间流传得很广，情节虽然荒诞不经，但却体现了"做人讲孝道，贪者无好报，人生要知足，幸福常乐也"的人生哲理。这也是甘甜的井水外，大理的红龙井送给世人的最好的礼物。

　　2003年9月，大理市政府重修了红龙井古街区。重修后的红龙井是一条独特的以玉白菜雕塑为中心的全长408米的水景街道，红龙井旧址已经融入其中。大理市政府以红龙井"玉白菜"传说为素材，对红龙井老街进行了深度挖掘和创新性的打造，使之成为集食宿、休闲、购物、娱乐为一体的水景文化休闲区。该水景文化区地处大理古城的核心地带，它西起214国道，南与杜文秀元帅府相接，东至复兴路。景观主体自西向东，以博爱路为界，将整个水景街道分为上下两段，主体景观和游购休闲主要集中在下段。

红龙井水景区有两个主要入口，一是沿博爱路从西往东游，一是从复兴路五华楼从东往西游。苍山黑龙溪水，穿西城墙从红龙井门洞直流而下，在博爱路西侧形成第一个跌水区，在博爱路东侧形成第二个跌水区，泉水顺流而下，流经红龙守护玉白菜雕塑，雕塑四周墙壁上刻有红龙井的建造过程和玉白菜的传说以供游人了解和观赏。在雕塑旁边有石刻的十二生肖，仔细一看，单单少了龙，怎么回事呢？仔细一看，原来龙正盘在柱子上守护玉白菜呢！此为红龙井水景核心区。水流经雕塑奔流而下，流过四个盘形石水槽，到达复兴路后绕五华楼与复兴路水景工程相接，全长408米。

在红龙井信步闲游，眼前清泉奔流，耳边水声潺潺，两旁绿柳成荫，鲜花点点。再看水中鹅卵石铺底，水流淙淙而下，一路上不时形成小跌坎，小瀑布，水花溅起，如玉珠落盘。孩子们欢叫着从水中的石头上跳过，有的干脆脱掉鞋子踏进清澈的溪水里，有的蹲下泼水，欢笑声、水声不绝于耳，那情景又让人仿佛回到了童年。如果感兴趣，朋友们也可以去踩踩水，去泼泼水，因为那是大理红龙井的吉祥幸福水，会带来无限好运！

两边都是古色古香的白族民居，还有充满异国情调的酒吧，琳琅满目的特色产品，移步换景，每一样都会让你赏心悦目，应接不暇。旁边的酒吧小店都将座椅放置在水边，如果走累了，在竹椅上稍坐，沏上一壶清茶，来几样美味点心，哪怕是不认识的陌生人，同样也能谈天说地聊人生。夜晚来临，水边的仿古街灯依次亮起，灯光随水晃动，景致更是迷人。坐在水边，不用弯腰，你的手就能伸进清凉的溪水；清风拂过，柳叶划过你的发梢，远处传来缥缈的洞经古乐，稍一分神，你肯定认为自己来到了世外桃源，呵呵，人生之惬意，也不过如此吧！

　　红龙井，集大理古城文化之美和自然之美于一身，难怪许多游客都会由衷赞叹："古城之美在于水，水美不过红龙井。"

洋人街

大理有条洋人街,很多游客就是慕洋人街之名来寻访大理古城的。"洋人街"原是大理古城中的一条普通小街,后因来大理古城旅游的外国游客喜欢聚集在这里闲坐、喝啤酒、晒太阳,从而被人们称为"洋人街"。

大理洋人街原名"护国路",因民国初云南人民反对袁世凯称帝,起兵护国而得名。护国路东西走向,长1000米,宽7米,青石板铺面。其中最繁华的是护国路上段,全长185.6米,东连古城主街道复兴路,西接古城环城道。在这里既可遥望巍峨秀丽的苍山,又能远眺碧波荡漾的洱海,地理条件十分优越。现在到大理古城问起洋人街,可以说是无人不知,无人不晓,但要问护国路很多人可能会摇摇头。

大理洋人街已成为外国游客汇聚之处。这里原来不过是一条房子破旧低矮、毫不起眼的小街,又窄又小,无人问津。但是随着大理旅游知名度的提高,这里越来越热闹。在20世纪80年代初期,大理的旅游业逐渐兴盛起来,但当时大理的旅游接待设施很少,外国游客越来越多,基本都集中住在这条街边的第二招待所(后更名为红山茶宾馆,现已拆除并建为大理洋人街中心广场)内。为了适应这些游客的需要,很多当地人开始聘请"洋"师傅,学习外语、学习西餐的制作方法,在这里陆续设立了很多酒吧、西餐厅以及出租自行车、彩扩等店铺，无论早晚，都能看到很多金发碧眼的外国游客慵懒地坐在路边的小桌旁或埋头看书，或低声叙旧，或高谈阔论，组成了一道别致的大理风景，整条街充满着浓浓的西洋味，久而久之这条街成为现在亦西亦中独具特色的街道，大理"洋人街"的名号也在国内外传播开来。

如今大理古城护国路的地名在外国某些地图上，早被称为"洋人街"了，可见大理洋人街已驰名世界，成为外国友人向往的地方和他们旅居大理的温馨家园。洋人街是外国朋友在大理的第二个家，他们在这里可以感受到家的温馨。从这个响亮的名字上，也可以看出大理白族人民的热忱和善良，一条街把各种民族各种肤色的人拉得很近。

各位请看，"洋人街"边的商铺，它们基本是按古城居民的习俗来布置的。这里的服务十分周到，饮食口味也根据不同国家的要求而定，很受外国游客的欢迎。漫步街头，满目是错落有致的咖啡馆、啤酒店、夜总会和白族风味小吃店、特色工艺品小摊、花园茶社等供游人休憩的场所。夜幕降临，"洋人街"上不仅可以看到各种肤色的外国朋友、国内游客，而且还能看到很多的当地人。"洋人街"现在已经成为当地人休闲小聚的重要场所，街上的一些白族特色小吃以及私人开设的外国风味餐馆等已经成为当地的品牌。如今，随着大理旅游接待设施的逐步完善，外国游客的饮食起居已不再局限在小小的洋人街，他们的身影在大理的大街小巷随处可见，他们寻觅着、品味着仰慕已久的古城。也许有一天"洋人街"上再也看不到外国游客，但这条街却给大理人平静的生活注入了无限的生机和活力。

玉洱园

庭院式民居花园众多是大理古城的一大特色。大理古城中庭院式园林的建造早在明代就已十分盛行，当时，白族名士李元阳的"默游园"："园林顺其自然，茶室棋桌掩映于山茶、杜鹃、紫薇、篁竹之间，可游可憩，幽艳宁静。"玉洱园就是这种传统文化的继承和弘扬。"园林处处有美景，景景不负游园人。"当人们去观光游览大理玉洱园，就好像饮了一杯醇香的美酒，使人陶醉，它堪称"大理第一园"。

玉洱园位于大理古城玉洱路中段北侧，占地28.5亩。原址为清末民国初的大理农林试验场，抗战时曾辟为"志丹公园"，新中国成立后成为林业部门的果木苗圃基地，1995年建成开园。

玉洱园南门临玉洱路，北门靠银苍路。南北两门借鉴古城池布局中"锁"的手法，不设在同一直线上，避免园中景色一览无余。两大门均采用斗拱飞檐翘角，设有石阶、木门、木槛，充满大理传统私家花园的宜人氛围。南大门园名匾额由已故的国学大师季羡林先生书写，南大门楹联为清末白族著名学者赵藩的墨迹"清风明月本无价，近水遥山俱有情"。

南大门东面建有典型白族风格的三坊一照壁，辅以铺砌的青石板地面，留存原有的古柏树，体现古城韵味。园内设有七个花木区，采取各种花卉大集中小分散的格局，使四季交替都能看到繁花似锦的景象。从南大门进入园内是茶花区，它是所有花木区中最大的一个区域，茶花花大色艳、品种繁多，正值春季开花，给人春意盎然的感觉，以迎接四方游客。迎面而来的是一块天然的白纹大青石掩映在棕榈树下，青石的正面是大理知名艺术家杨晓东书写的"骈红拥翠"篆书四字，背面刻有杨升庵的名诗《咏山茶》："绿叶红英斗雪开，黄蜂粉蝶不曾来。海边珠树无颜色，羞把琼枝照玉台。"由云南书法家劳伟手书，题字富有"云南山茶甲天下，大理山茶甲云南"的含义。二是樱花区，区内竖有两块大石：一块为自然造型的（洱）海东岩石；一块为大理白纹青石柱，上书"雪"字，与背景苍山中和峰的雪景交相辉映，此外园内还有"风"、"花"、"月"三字刻于不同的石块上，安放在园内相应的位置，以突显大理"风花雪月"的景观特色。三是牡丹花区。区内东侧有大石一尊，状如和尚，取名为"担当石"，石上刻有担当和尚的墨迹"烟云变幻本无形"。四为杜鹃花区，其中以"映日烧林"的马缨花最为珍贵。五为梅花区，六为月季区，七为竹园，茶室坐落于竹园之中，茶室楹联"月影风声常入梦，花姿雪韵总牵情"为今人段跃庆撰写。整个花木区绿荫遮蔽、花团锦簇，令人目不暇接，同时也体现大理"花枝不断四时新"的特色。

玉洱园西南角有一石坊，正面额书元代郭松年名句"故国遗风"，暗示大理文化源远流长；背面为"艺苑珠玑"。穿过石坊为书画廊，陈列名家书画。西北角有一条紫藤庇荫下的长廊。园东面有一座水池，水池旁边垒有假山，小桥横跨池上，红英绿叶映于水中。水池东侧有一座碑亭，悬挂着一副取自南诏诗人段义宗诗句的楹联："繁影夜铺方丈月，异香朝散讲筵风。"亭内竖白族著名学者马曜先生撰的《玉洱园碑记》，讲述建园始末。

北大门园名匾由云南省书法家协会主席李群杰书写。外照壁"苍屏挹秀，洱镜扬清"为当代白族著名学者马曜题，著名书法家杜乙简先生隶书。北大门楹联取自南诏杜光庭《玉局山仙居观》诗句："烟锁翠兰迷旧隐，池凝寒镜贮秋光。"由云南大学教授赵浩如草书。大家没想到吧，玉洱园不仅环境优美，而且汇聚了众多文化名人、大师的手迹和文思。

如今的玉洱园已成为城内居民和外来游客悠闲消假的好去处，玉洱园幽深雅致，文化品位高，富有民族特色，游完玉洱园或许您才能体会"幽藏闹事，度竹穿林，不知身在城郭中"的境界。

文庙（大理文化馆）

大理自古就是一个文风兴盛、人才辈出的文化圣地，儒学在大理的盛行不仅是封建王朝强力推行的结果，这也和大理自古崇文尚教，文风积淀深厚有着很大的关系。所以儒学在大理更多地起到了一种民风教化和文风导向的重要作用，而大理文庙就是实现教化和引导的重要载体。大理古城文庙始建于元代，清末进行了大规模的重修。其旧址位于古城护国路下段。公元1872年杜文秀起义失败后，清军将领杨玉科自持镇压杜文秀起义有功，侵占了原文庙的明伦堂、杜公祠及崇正书院等地建盖自己的爵府。城不可无文庙，经云贵总督岑毓英等合议后，地方政府将文庙改建于报国寺，也就是现在大理古城复兴路中段，现大理文化馆所在地，并于清光绪十一年（公元1885年）建成。但就是这座改建过的文庙也已经损毁于历史的时光之中了。

走进文化馆的大门，眼前出现的是一座古老的木质亭阁式建筑。这就是大理文庙目前仅存的建筑大成门。虽然文庙已经不复存在，但单从大成门的建筑体量就可看出当年大理古城文庙的规模确实是非同一般的。老文庙坐西朝东，整体为中轴线布局，单体建筑从东向西依次为大照壁、泮池、棂星门、大成门、两庑、祭台及大成殿。此外还有名宦祠、乡贤祠、明伦堂、致斋所、祭品库等附属建筑。其中值得一提的是大照壁，照壁是白族民居建筑的重要组成部分，而文庙中的照壁体现了白族建筑文化与儒家文化的完美结合。该照壁临街而立，由正中的主体照壁和南北两个小照壁组成，整体由石头砌成，浮雕精美，体量较大，为大理城七面大照壁之冠。最特别的是当年照壁中上部留有一个大圆洞，左右两边也各留有一个略小的圆洞，三洞紧连高可及人。据说这是"文风洞"，如果有人得中状元，就会搭桥由大门洞进入文庙参拜至圣先师孔子，而中榜眼和探花则由两边小洞进入。而未中者和待考者则只能站在照壁下抬头看洞，以此为动力发奋读书，期待有朝一日也能搭桥过洞，出人头地。

文庙的大门建在照壁后北方，门前原来立有一块大理石碑，上书："文武百官到此下马轿"，碑旁设有下马磴及拴马石。可见古人对孔子的崇敬不亚于皇帝啊！大理文庙棂星门为牌楼式建筑，由三门组成，其中大成门，面阔三间，连四周回廊面阔14.35米，进深9.4米，整体为穿斗式木结构梁架，单檐歇山顶，偷心造斗拱挑檐建筑。两庑殿供奉七十二贤牌位。大成门是祭拜孔子的一个重要通道，也是人们进入大成殿前"正衣冠"的场所，当年人们必须穿过棂星门，并在大成门的回廊里整理衣冠安抚心绪后，才能进入大成殿祭拜孔子。大成殿是文庙中奉祀孔子神位的主殿，在古代，也是知识分子设馔祭孔的场所。每年春秋两季，各府、县的主要官员，都要到文庙行"释奠"礼。学童入学和知识分子考中秀才后，也要到文庙行"释奠"礼。当年整个大成殿由黄琉璃瓦铺顶，斗拱雕刻精巧，飞檐翘角，气势恢弘，造型精巧，殿前有近300平方米的祭台，祭台为大理石铺就，周围有大理石栏杆，每年祭孔子时台上置牛、羊牲礼，仪仗环列，舞生献舞，弦歌伴奏，钟鼓齐鸣，气氛庄严肃穆。

大理文庙一直是古城发展教育文化的重要场所，但让人遗憾的是，由于历史原因和自然损坏，"文革"期间大理古城文庙被拆除，仅存的大成门等部分建筑被列为大理市重点文物保护单位。

1982年，大理市在文庙的遗址上开始修建了大理市图书馆，并在大成门遗址前开辟了由树木、花坛、水池和石桌组成的公园式群众休闲娱乐区。今天，昔日的文庙已经成为大理古城人日常文化休闲的场所。园内古树成荫，鲜花盛开，只要你走进大门，总能看到人们三五成群，或在石桌旁下棋打牌，或在花坛边聊天谈心，或在长凳上看书打盹……园内的静谧和园外的喧哗形成了鲜明的对比，向外来旅游者展示着大理古城的浪漫与闲适。

【链接】

文庙，是大圣文宣王庙的简称，也是孔庙的别称。据史料记载，我国最早建立的孔庙，是在春秋末期的鲁哀公时期，就建在孔子的故乡曲阜。汉武帝时期，董仲舒实行"罢黜百家，独尊儒术"的政策使得孔子的声名日见显赫，并为中国之后二千余年的封建正统文化——孔学奠定了基础。盛唐时期唐玄宗开元中叶，追谥孔子为文宣王，孔庙从此之后被称为文宣王庙。各地创建孔庙之风，随之而盛行。元明之际，全国所有府、州、县无一例外均修建孔庙。至明朝以后，奉祀关羽的"关帝庙"即"武庙"，也后来居上，陆续在各府、州、县问世。明永乐年间，为和武庙的称呼相对应，遂改文宣王庙为"文庙"，一直沿用至今。

武 庙

武庙，又称关帝庙，是祭祀以忠义传世的三国名将关羽的庙宇，也是人们寄托忠义、勇武情怀的场所。大理虽是一个文运昌盛的文献明邦，但古城中的武庙也颇具特色和规模。

大理武庙位于大理古城博爱路南段古榕会馆南侧，始建于明洪武十七年，几乎与古城同龄。其庙宇建筑曾多次毁于兵灾，又历经恢复。据记载清康熙二十五年、三十七年以及以后的朝代均修缮过。

武庙占地近20亩，在大理古城内众多古建筑中规模最为宏大。主庙坐西向东，庙前街东面是一块硕大的石照壁，庙门前有荷池和大理石牌坊，两边设木栅栏。主要建筑沿中轴线层层递进，有棂星门、武成门、庑殿、大殿等建筑。大殿雄伟壮阔、飞檐斗拱，琉璃瓦顶，檐柱排立，粗可合围，气氛森严。与一般武庙不同的是殿内供岳飞及关羽的神位，而没有雕像。殿前院子宽阔，可容千人，专为祭祀活动之用，每年2月15日大理举办规模很大的春醮会，主会场就设于庙内，来自四面八方的白族群众云集武庙，向关帝拜祭、祈五谷丰登，然后在庙会上看表演、听洞经音乐、进行商贸交易、逛集市摊点，热闹非凡。民国时期，大理最早的一家工厂——平民工厂，曾设于庙内。新中国成立后，这被改建为大理市粮食局，武庙因长年的风雨剥蚀，建筑多有毁坏，但总的形制仍有保存。

如今的大理武庙是在原"武庙遗址"基础上恢复重建的，成为各方民众祭拜关公、弘扬关帝文化、展现大理历史和民俗民风的场所。将古照壁、石马泉、古城墙遗址、武庙旧址等一系列历史文化遗迹和昔日大理百姓拜关公、赶庙会、唱调子、摆小摊的传统民俗庙会集市盛况呈现在世人的眼前，并将关帝文化和少数民族文化，在历史、文化、艺术、建筑、宗教等各个方面完美地融合。恢复重建后，大理武庙为追根溯源，分别到中原三大关庙迎取香灰，融于武庙一炉以示正源。

进入武庙，最先看到的是屹立了600多年的古照壁，它也是当年大理崇尚"武"文化的见证者。与之相对的是棂星门——一座巍然挺立着四根擎天柱的石牌坊，本来棂星门应是文庙特有的建筑，传说跨过棂星门，考生学子们会得到神灵的赐福，必定金榜题名，在这里也体现了大理崇文尚武的传统习俗。棂星门后有四头石刻神兽，嘴里吐出清泉，这便是大埕人人皆知的石马井泉水，当地人把它看做是财富之泉，相传围绕古井，依太极方位有麒麟、貔貅、金蟾、龙龟四只招财纳福的瑞兽镇守，相传品饮瑞兽口中涌出的清泉，福禄寿禧会始终围绕身边。尝过甘冽的泉水，继续前行，正前方巍峨挺立的就是武成门，门后是运转乾坤广场，广场中心的八卦图分阴阳两面，分别雕有寓意天地的鲲鱼和鹏鸟，鲲鹏下方各置一刻度盘，每盘刻有易经64卦符号，卦象正好对应着武帝圣殿中的关帝与63位本主神，当游客转动鲲鹏，便可依卦象找到自己的守护本主，为幸福生活祈愿祈福。穿过广场，进入庑殿，庑殿顶是中国古代屋顶建筑中的最高形制,重建的庑殿用材精良、装饰华贵,具有较高的文物价值和艺术价值。庑殿的二层设有演舞台,本主舞乐、民俗表演使得这里每天欢声不断、掌声不断。沿着两侧设有解卦碑的过道,进入气势恢宏的庙香四海广场,广场中央置有青龙、白虎、朱雀、玄武四灵神兽,后天八卦与28星宿组合而成的卦位圆盘环绕四灵而设,人们可以在这里对照生辰卦位找到自己的守护星辰。广场的正前方便是经过恢复重建的武庙古建筑遗址。

与其他地方武庙不同的是,大理武庙不仅仅是寄托忠义情怀的场所,同时也是展示大理白族本主信仰文化的地方。除了关帝圣像外,这里还供奉着63尊大理本主神造像,是世界上唯一的本主武庙。本主是白族村寨的保护神,在大理地区近2000个村寨中,有着1000余个本主庙,进入武庙的63位本主,是当地人心目中最具有代表性的本主。

全世界不计其数的关帝庙,唯有古城武庙将维系世界华人精神寄托的关帝文化与维系白族精神寄托的本主文化融在了一起,这不正是大理白族文化豁达与大度的一种体现吗?

【链接】
● 我国有三大关帝庙被公认为世界关帝庙的根源:山西运城解州镇关公的故乡"关庙",被海内外朝圣者誉为"武庙之祖";河南洛阳埋葬关羽首级的"关林",被世人尊称为"武圣之林";以帝陵规则厚葬关羽身躯的湖北当阳城的"关陵"，则是真正的关羽陵墓。所以民间对关羽有"头枕洛阳，身困当阳，魂在家乡"之说。由于三大关庙分别是关羽的身、首、魂所在之处，因此，世界关庙皆引三大庙的香灰传承其香火。

蒋公祠

蒋公祠位于大理古城四牌坊路口往东80米，玉洱路中段北侧。在刚刚听到"蒋公祠"这三个字时，很多人都会误以为这或许与当年的蒋家王朝有关联，其实不然，此蒋公非彼蒋公，但他在历史上却也是赫赫有名的人物。此蒋公是清朝末年人，名为蒋宗汉，彝族，大理鹤庆县人，自幼出身贫寒，后以"武童"身份投效清军，因其精明过人，在镇压杜文秀起义过程中屡建"军功"而不断得到清政府赏识，并晋升于清军的高级将官之列。光绪元年（公元1857年），云南边境发生了著名的"马嘉理"事件，其时身为腾越总兵的蒋宗汉尽管受制于朝廷的不抵抗政策，却暗中支持当地军民抗击英军，最后将英军赶回缅甸。虽然后来由于清政府的软弱被撤职，但他却以此在民间赢得了声誉与威望。光绪十一年（公元1882年）蒋宗汉又在中越边境配合冯子材大败法国侵略军，取得了镇南关大捷，由此官至贵州提督。蒋宗汉死于光绪二十八年（公元1902年），他死后，清王朝为褒奖其镇南关大捷等功勋，由光绪下旨，在蒋宗汉的原籍及立功省份"准其建立专祠，并将战功事迹宜付国史馆立传"，谥"壮勤"。并于光绪三十一年（公元1905年）在四牌坊下建祠，称蒋公祠，这就是大理古城"蒋公祠"的由来。"蒋公祠"在辛亥革命后改为鹤庆会馆，现在是大理市文物管理所办公地。

　　蒋公祠坐南朝北，一进两院，布局为正门三开间歇山顶式建筑，门前两侧有八字矮墙，进门为前院广场，中间是三间单檐硬山顶过厅，下有台基。过厅后是后院，后院有主房三开间及东西厢房各三间。后院东西两角还有耳房各两间，总面积1 100平方米。后院台基上为正殿，是一座单檐悬山顶，抬梁与穿半相结合木结构单体建筑，面阔14米，进深10米。整个建筑既有汉族宗祠的建筑特色，亦有典型的白族民居式建筑的风格。正房前原有宽2米、深2米、高5米的大理石御碑亭，下有1.2米台基，大四方，小八角面柱，歇山顶，中间供有光绪二十九年抚恤御碑，"文化大革命"中被拆毁。现在的碑亭是后来重修的，碑亭四角的四根四方形大理石柱上都刻有褒奖蒋宗汉功绩的对联一副，该祠于1985年被列入大理市重点文物保护单位。

　　蒋宗汉从一个小"武童"开始一步步晋升为清朝高级将领，当英法入侵，民族矛盾上升为主要矛盾时，他能挺身而出，顺应历史潮流，保家卫国，英勇作战成为民族英雄。蒋宗汉还修书院，兴水利，办交通，捐资并主持修建万里长江上第一桥金龙桥（丽江梓里长江铁索桥），该桥至今尚存。

普贤寺

　　说起普贤寺，地位可不一般，它是大理古城内现存的唯一的一座佛教寺庙，是大理佛教名刹之一。该寺位于大理古城玉洱路下段青石桥巷北普安里，普贤寺历史悠久，文化深厚。据1944年《重建普贤寺记》碑记载普贤寺最早建于唐代，到明代由致仕回乡的王邦泰和在家居士李中溪两人合力重修，从明世宗辛酉（公元1561年）动工，至明神宗万历十三年（公元1585年）历时24年完成，可见当时其规模之宏大。历史上的普贤寺，坐西面东，山门为三开间，整体建筑按照大乘佛教寺院的建筑形制严格布局，建筑单体从东到西依次为山门、弥勒殿、韦陀殿、大雄宝殿、南北厢房。韦驮殿到大雄宝殿中间曾有十六级砖塔两座。大雄宝殿高踞石基一丈以上，雄伟巍峨。殿内除供奉普贤菩萨外，还有观音、文殊以及阿难迦叶尊者、伽蓝神和达摩祖师，连同前边的韦陀和弥勒组成当年著名的"普贤九金身"。所有泥塑庄严慈祥，工艺精湛，用料考究，无与伦比。1925年大地震，寺内房屋倒塌损毁，唯独九金身安然无恙，由此普贤寺被当地群众认为是神灵护佑，香火旺盛延续至今。

　　20世纪90年代，城东众多得佛教居士自发募化，重修普贤寺。由于地点限制，仅修复了大殿及北厢房。大殿为单檐歇山顶，抬梁穿斗式梁架，正面为三挑偷心造斗拱，拱雕雕刻成瑞兽头，中间乳木有精致的细花浮雕，其精美度在大理诸寺中都是少见的。1985年普贤寺被列入大理市重点文物保护单位。

修复后的寺庙尽管规模不大，但焕然一新，寺内鲜花盛开，环境优美，成为古城内外佛教居士们在城中唯一的礼佛参禅之所。在大理民间都有一种说法，认为普贤寺"九金身"菩萨灵验，尤其能超度逝去的人到达理想的彼岸，所以在家中亲人去世后，当地人都要到寺中请高人超度，或将逝者名牌寄存于寺内祭奠，以寄托哀思。由此寺内香火非常旺盛。

每逢农历二月二十一日是普贤菩萨寿诞日，普贤寺都要举办小型庙会，届时，寺内香客云集，寺外小贩叫卖，游人穿梭，非常热闹。当地人都要到这里来赶庙会，拜神佛，祈求一年平安吉祥。据说普贤菩萨是属龙和属蛇人的本命佛，他以智导行，以行证智，解行并进，完成求佛者的志愿，所以又称"大行普贤菩萨"。普贤菩萨默默地守护龙年和蛇年出生的人，使之人生如愿以偿，幸福美满。因此龙年和蛇年出生的人，更应该多拜拜普贤菩萨，以保佑自己远离灾邪，延年益寿，心想事成！

大理天主教堂

大家都知道，大理过去有"妙香古国"之称，当地居民普遍崇信佛教，但特殊的地理位置使得大理自古就成为多元宗教文化的汇聚地。除佛教外，基督教、伊斯兰教、天主教、道教等宗教派别都在大理古城留下了其活动的痕迹，这就是古城内众多精美的寺观教堂。天主教堂是这些宗教物质文化载体中的建筑精品。

要真正了解大理天主教堂，就要先了解天主教在云南和大理的流传和发展。自元代忽必烈攻占大理允许外国人在内地传教之后，欧洲人在大理的宗教活动也就开始了，据《大理县志稿》记载："天主教，一名旧教，传入本境在清同治癸酉年（公元1873年），首先来大理的主教是法国的罗尼塞氏。"也就是说，清同治十二年（公元1873年）天主教传入大理，并在大理城中建有临时性的教堂，主教是法国人罗尼塞。并向滇西的南部、北部和西部地区发展。1929年，受罗马教皇直接委派，法国主教叶美章在大理古城中建立正式的教堂，大理教区由此从云南大教区中划分出来成为独立教区。管辖范围为大理、丽江、临沧、保山直至中缅边界，教徒有汉、白、彝、傈僳、苗等民族，新中国成立前夕，约有教徒6万人。在下关、宾川、保山、盈江、澜沧、思茅、丽江等20多个县均设有分堂，各分堂均有外国神职人员在传教。大理天主教的神职人员基本都是外国人，他们分别来自法国、意大利、巴西、阿根廷、加拿大等国家，每年保持外国神职人员3到4人，修女有10多人。至1949年前夕，大理天主教一直受罗马梵蒂冈教皇的控制和领导，教会经费也由罗马教皇从香港汇入。

除了传教布道外，大理天主教在古城设有教会小学和孤儿院各一所，还设有专门的教会医院，为百姓看病派药都是免费的。为了在白族群众中传教，很多神甫和修女都学会了白语，都能与白族群众进行交流。当地人称这些穿黑袍的修女为"孃孃"（这是大理地区对中老年妇女的敬称），值得一提的是，现今古城内70岁左右的老人很多当年都上过教会小学，还记得教他们读书的"孃孃"。 这些善举使得天主教当时在大理拥有一定的群众基础，天主教在大理地区发展较快。1950年3月，大理县人民政府成立，外国神职人员相继回国， 各县天主教相继自立，不再有统属关系。小学和孤儿院由人民政府接管，小学改为育成小学，现为大理市第四中学。现大理城内尚有天主教徒50多人，他们每周定期进行礼拜。

天主教堂就坐落在大理古城新民路南端一条静谧的胡同里，这座教堂最值得称道的就是它独一无二的建筑风格。天主教堂建于1927年，由教堂、生活区、学校三部分组成，教堂建筑虽然是白族建筑的风格，但其平面布局基本按照天主教会的规定：教堂建筑坐东朝西，由大门、通道、二门和礼拜堂组成。大门为白族民居一高两矮的三叠水建筑形制，进入大门穿过小广场，就能看到礼拜堂，礼拜堂与钟楼相连。礼拜堂也是三叠水模式，屋顶一高二低，两侧屋顶侧廊厦檐相交形成两大串门，主体为两层重檐歇山顶抬梁式结构，七开间。飞檐翘角，五层斗拱挑檐，走廊顶施彩绘藻井，门上建有钟楼，楼高16.3米，为重檐歇山四角攒尖顶，楼上悬挂大钟，四面出檐，顶上架"十"字。侧立面是垂檐大出厦，背立面是垂檐歇山造型。其檐下斗拱、墙体、色调处理都与侧廊立面相同。正立面色彩较复杂，斗拱、面额、平板枋、挂落、雀替等都彩饰黄、红、绿、黑、白等色调。室内墙体白色，墙裙青灰，栗色柱、门，斗拱黄色，整体描金绘彩，显得富丽堂皇。尤其是礼拜堂的外形设计有着深刻的文化和宗教含义。从正面看，教堂酷似一条昂首摆尾的巨龙，又像一只正展翅高飞的凤凰，体现出浓厚的中国传统文化思想——华夏子孙，龙的传人，龙凤呈祥，家国安康。从侧面看则像一艘巨大的船，象征教会如诺亚方舟一样起锚远航，给人类带来希望、正义、和平与爱。据老教友讲，这座教堂的外形寓意同时也取自《圣经》耶稣平息风浪的训导和内涵，人类只要有爱与和平，再大的困难都能克服。礼拜堂门有佚名书"圣三宝座"4字，堂外有极富地方民族特色的对联一副：

> 承蒙袭段风花雪月岁月不居扬福音精义，
> 迎苍临洱春夏秋冬四时维新彰造物庄严。

礼拜堂进深28米，面阔15.3米，高17米，面积430平方米。四壁挂有圣母画。走进礼拜堂，就仿佛走进了古老的画廊和博物馆，北面墙壁布满了古老的西洋画，南面墙壁则被一幅幅俊秀的中国山水画所装饰，东面为祭坛，台后设龛，供圣母像，还有一幅教堂的微缩图，记载了它的历史和风采。教堂顶部为蓝色，绘有星星和月亮，象征整个宇宙和无限接近万能的上帝。教堂天花板和楼壁结合处有多处斗拱结构。无论是建筑结构还是绘画，整个教堂中西合璧，不仅给人一种强烈的视觉冲击和美的享受，更能让人产生无尽的遐想和思考。汉白文化和西洋文化能够结合得如此美妙，不得不让人为大理建筑工匠高超的建筑技术和文化素养所折服。许多外国游客到教堂参加宗教活动后，都感慨地说："真想不到在如此边远的地区还有如此美丽的教堂！"

大理天主教堂于1985年列入大理市重点文物保护单位。

清真寺

各位朋友，或许大家已经注意到大理沿街的清真菜馆，其实这里不仅清真菜馆多，清真寺也不少，为什么呢？这就要从800年前说起。

从公元13世纪初开始，成吉思汗率蒙古军相继征服了中亚、西亚许多伊斯兰教国家。在返回征服中原的战争中，把伊斯兰国家中的许多穆斯林编入"探马赤军"。这只军队随忽必烈征服大理，到达云南后被派驻到许多地方，伊斯兰教传入大理。至元十年（公元1273年），元世祖下令制定军队户籍管理制度，"探马赤军，随地入社，与编民等"。于是这支军队成了一支骑马能战斗、下马能生产的军队。元代建立云南行中书省后，平章政事赛典赤·赡思丁以及子孙纳速拉丁所统领的探马赤军军士也大多数落户云南，而且大理、巍山较多，这也是元代首批迁入大理的回族。一般来讲，清真寺是伊斯兰文化的象征，所以元代大理建过很多清真寺，但如今留存不多。大理古城内的清真寺到新中国成立时仅存三处，分别在古城的西、南、北三处。其中，保存较完好的是西门清真寺和南门清真寺，又以西门清真寺历史最为悠久。

西门清真寺位于大理古城人民路上段，是云南省最古老的清真寺之一，据文献记载，该寺始建于元代，于公元1278年西域回回怯烈在云南行省平章政事赛典赤支持下集资修建的，此后历代曾多次进行修缮，迄今已700多年。1720年，甘肃德高望重、学识渊博的哲人保老师祖在古寺执教50多年。1862年，反清起义军元帅杜文秀为弘扬伊斯兰文化教育，在西门清真寺创办"都掌教学堂"，以培养经书兼通人才。1986年云南省宗教处拨款进行重修清真寺，现存大门、二门、大殿、南北厢房等建筑。大殿面阔五间，宽为12.7米，进深11.1米，石基高1.2米，属单檐歇山顶建筑。前设柱廊直径40厘米。柱头上施面额、平板枋，上施云南滇式三跳七踩偷心造斗拱，明间五攒，次间四攒，稍间二攒。均雕花卉施彩画。此寺最特别的是屋檐下鸟雀不做窝，不结蜘蛛网；台阶上有一圆形石头，状如立放的石碾，从石质上看不像大理境内所产，民间对此石的来历有许多的传说。院中还有一眼深水井，水源充沛，水质较好。此寺至今保存完好，赵藩有这样一副对联：

> 宗教各有偏，诱愚儆顽，何妨自备一说；
> 人群须进化，厚生正德，才能并立五洲。

南门清真寺原位于大理苍屏街下段，是元代云南省第一位省长赛典赤的儿子在主持大理事务时所修建的，是全国一百所清真古寺之一。明代徐霞客旅行大理时，闻该寺内有一块奇石上，长有一株梅花，便前往观之，据《徐霞客游记》记载，虽然他没见到"古梅之石"，但清真寺用大理石板装饰，是明末较为豪华的殿宇。据说寺内素有"南北学堂"之称，规模宏大，而当时伊斯兰文化学习之风盛行，经师荟萃，学子络绎不绝。清末杜文秀领导的起义军攻下大理后，杜文秀的元帅府离南门清真寺也就几百米的距离，传说杜文秀常来寺内做礼拜。杜文秀起义失败后，清真寺被改为城隍庙。

1916年，古城回族民众集资在大理古城内博爱路南段重建了南门清真寺。重建后的南门清真寺南面紧邻雷祖殿，北面与关帝庙仅一墙之隔，坐西向东，共分三院，占地近20亩。大门东临街面，从大门到过厅，大殿沿主轴线依次排列，两侧厢房对称布置。第一院由大门、过厅及围墙组成第一过渡空间院落，第二院由过厅、大殿及两厢组成四合院。大殿面阔五间，单檐歇山顶，设柱廊，前置月台，殿内后墙设窑殿，大殿檐下垂花装板装修，两厢是面阔五间重檐硬山有厦廊的建筑，过殿为重檐硬山，一面出小厦，另一面是厦廊面阔五间的建筑。重建后的南门清真寺不仅是大理回族俱进会处理宗教事务的场所，也是调解、解决回族群众纠纷的地方。因世事变迁，南门清真寺现存面积仅剩三亩多，保存有大门、过厅、厢房、大殿等建筑。

考 试 院

如果问大家一个问题，我国现在最热门的考试是什么？相信大家都会说是公务员考试。确实，公务员考试参加人数之多，竞争之激烈，选拔之严格实在令人叹为观止。在中国古代也有一种考试和现在的公务员考试非常相似，那就是科举考试，并由此形成了一种特殊的科举考试制度。那什么是科举制度呢？科举制度是中国历史上通过考试选拔官员的一种基本制度。发源于汉朝，始创于隋朝，确立于唐朝，完备于宋朝，兴盛于明、清两朝，最后在清朝末年被废除，历时1300年，可谓源远流长。在实行科举制之前，政府选拔官吏主要靠"察举"，就是从地方到中央逐级推荐选拔。这种制度只重门第，不重才学，被选拔推荐的大多数是贵族家庭的子弟，平民百姓很少有机会被推荐。而"自由报名、公开考试、平等竞争、择优取仕"的科举制度则给各阶层人士通过读书、考试的阶梯入仕提供了公平竞争的平台和机会，是历史的一大进步。

科举考试有专门的考试场所，分布在中国各地的考试院遗址就是这1300年科举考试制度变迁的活见证。考试院是为中国古代科举考试而专门设立的管理机构，同时它也是考生们参加各级科考的场所。

大理考试院全称为"大理府考试院"，原址在大理古城内西北角，后于清雍正十二年（公元1734年）迁建于钱局（现在的大理电影院所在地），清末毁于兵灾，清同治十二年（公元1873年）重建。

明清时，科举考试分为三级：乡试、会试、殿试。而在参加正式科考以前，考生先要取得"入学"的资格，即成为生员。入学的途径之一就是通过县、府举办的"童试"。在取得童生资格之后，参加院试考秀才。院试在府城或直属省的州治所举办，考试成绩优良成为秀才的才能参加更高一级的乡试。这被大部分士子认为是入仕的正途。明清时期在大理府举办的考试就是院试了，大理考试院也就是大理府考秀才的地方。

大理府考试院坐西向东，中轴对称，原建筑自东向西依次为大照壁、侧门、过厅、正堂、考棚、后院及南北厢房。大理府考试院大部分房屋已毁，现在仅存考棚和后院遗址。考棚就是考场，考生就在考棚中答卷应试。考棚为单檐歇山顶式建筑，面阔5间，宽25米，进深4间，19米，高25米，正面为三挑偷心造斗拱挑檐，檐下雕刻极为精细，考棚大门为六扇黄木雕门，门上是颇具白族特色且寓意深刻的动物和花草雕刻。历经风雨，整个考棚虽然已显陈旧，但它仍保持了清末原状，实属难得。考棚于1985年被列入大理市文物保护单位。

西云书院

在游览西云书院前，朋友们或许会问，什么是书院呢？不少人认为古代的书院就只是学校，其实不然。书院不仅是古人读书的场所，也是中国古代教育史、学术史上具有重要地位的教育组织形式。唐末至五代期间，战乱频繁，官学衰败，许多读书人避居山林，遂模仿佛教禅林讲经制度创立书院，形成了中国封建社会特有的教育组织形式。书院是中央官府实施藏书、教学与研究三结合的高等教育机构，也有民间书院和书屋，供个人读书。书院制度萌芽于唐，完备于宋，废止于清，前后千余年的历史，对中国封建社会教育与文化的发展产生了重要的影响。如唐代的集贤殿书院，宋代的白鹿、嵩阳、应天、岳麓四大书院，明代的东林书院等都是中国历史上著名的人才培养机构。

大理自古就是文献名邦，其崇文重教的传统也是依托于大大小小的书院而得以千年传承。大理的书院众多，有大理、苍麓、玉龙、桂香、波罗、苍山、览凤等十多所书院。这些书院大多建立于明清时期，大部分已经不复存在，现在基本都成为各地著名中学的校址。那么大理古城内分量最重的书院是哪一座呢？那就是西云书院。

西云书院位于大理古城洋人街下段以南，东临新民路，南至人民路。书院始建于1873年，原为清军将领杨玉科的爵府。公元1873年，云南提督军门杨玉科因镇压滇西以杜文秀为首的各族反清起义有功，被封二等男爵，他便在大理城内原府学署、中和书院及崇敬书院地盘上大兴土木，建盖爵府。府邸总建筑面积10114平方米，占地40多亩，一进四院，全是四合五天井，走马转楼阁的白族民居式建筑，府中大小房间130余间，"堆山凿池，莳花养鱼，园亭楼阁，穷极华丽"。1877年10月15日，杨玉科外调他省，在当时复兴文教的情势下，他将自己爵府的全部房舍捐出开办书院，并将自己的乔后盐矿、铺面、田产也捐出作为书院开办及修缮的经费，书院便由此初建。西云书院原名"迤西学院"，因为杨玉科号云阶，后改名西云书院，同时也是取希望迤西学子青云直上的意思。书院是当时滇西规模最大，设备较好，经费充足的书院。学院生童来源广泛，其培育的子弟很多，对滇西地区文化教育的恢复和发展作出了巨大的贡献，为清末在云南较有声誉的书院之一。

从学院开办开始，一直办学不辍，学校素以"滇西最高学府"著称。其中名称几经变更，1902年改为迤西"高等学堂"，开始在大理开展现代新学教育，1910年办"云南省第二模范中学堂"，1932年由省政府命名为"云南省立大理中学"，1950年更名为"大理一中"。从西云书院到大理一中，历经了科举制时期的书院、初期学堂、近代教育学校，到现代中学，历时半个多世纪，可谓是中国近现代教育的缩影。

多年来，这个学校人才辈出，民主革命时期，许多校友成为我党著名的政治活动家和军事家，他们贡献卓越，名垂青史，如中共早期革命活动家张伯简、北大马克思学说研究会发起人之一王复生、中共云南地下组织首任省工委书记王德三、在东北长期坚持抗日斗争的"白子将军"周保中以及著名爱国将领杨杰等，真可谓是"滇西革命文化的孕育之地和革命志士的摇篮"。

现在这里虽然增修了新的校舍，但书院的很多古迹仍然保存完好。其中著名的有碑刻"种松碑"、"御碑"、"西云书院碑"及珍稀古树"罗汉松"等。书院原主要建筑布局呈中轴对称，大门正对一块照壁，照壁上有笔墨纸砚浮雕和彩绘，象征了知识和智慧。穿过门前小广场，走进金碧辉煌的"三滴水"大门，映入眼帘的是一块巨大的大理石碑，这就是记载了西云书院创建历史的"西云书院碑"，碑后的四合院为两层白族民居式建筑的教室。沿着过道一直往西是第二进四合院，院前一左一右种有两株珍稀古树罗汉松，这两棵松都有180多年的历史，是西云书院历史变迁最好的见证。第二进四合院是当年杨玉科爵府的中心"中天井"，再往西依次是第三和第四院四合五天井。这四个院落从东到西逐院升高，各院内建筑高低错落，布局得当，使空间层次较多而富于变化。院内青石板铺地，天井四角建花台种植花卉，建筑色彩青砖白瓦、粉墙素壁，精雕细刻的栗色门面装修，色调素雅。在布局、结构及工艺手法等方面，都沿用了白族民居建筑的传统风格，体现出白族民居建筑特色。其中第二院"中天井"建筑为白族建筑当中的最高形制，即"四合同春"和"走马转楼阁"。走进院落，游走在迂回的走廊，那朱红的木雕门窗，精致的斗拱雕花，光滑的石质地板让人目不暇接，再加上行云流水般的书法，浓重而又婉约的墙绘，不仅让人体验了爵府当年的恢弘气势，同时更让人充分感受到书院深厚而又细腻的文化内涵。

此院往南，是校园里最精致的风景线南花厅。南花厅又名"湛园"，园中奇花异卉，绕砌盈阶，四时来不断之幽香。苍山雪色，每印窗前；洱海涛声，时来耳底，是当年书院中景色最美的地方。试想当年众多学子到此求学，置身于苍洱之间，领略青山秀水，读起书来更是神清气爽，心情舒畅。环境优美，风气淳朴，学生们潜心向学，立志求成，很少沾染陋习。难怪书院能够人才辈出，名扬天下了。

出了南花厅向西，步行不过百米就会看到一座静谧的四合院。这就是杨公祠。该院坐北朝南，为一进一院布局，檐下木雕彩绘十分精致。祠中早已不再供奉杨玉科神位，而改用为大理一中的图书馆了。1987年，西云书院被列入大理州重点文物保护单位名录。

【链接】

● 宋湘与《种松碑》：宋湘（1757—1826），字焕襄，号芷湾，嘉应州（今广东梅县）人。清代著名的诗人、书法家和教育家。宋湘历任翰林院编修、云南曲靖知府、迤西道。为官期间，关心民瘼，积极用世，政绩斐然，为当地百姓所称颂。滇南一带至今仍流传不少有关宋湘治水、种棉、植树、开矿、办学、除暴的各种传说。

云南大理一中南花厅内，珍藏着一块古雅庄重的大理石碑。那是宋湘手撰的"种松诗碑"，记载了他任职期间组织发动群众植树造林的历史：

前摄迤西道篆日，买松子三石，于点苍山三塔后寺鼓民种之，为其濯濯也。今有客报余松已寻丈，其势郁然成林者，予喜且感，系以三绝句：

> 不见苍山已六年，旧游如梦事如烟。
> 多情竹报平安在，流水桃花一惘然。
>
> 古雪神云看几回，十围柳大白头催。
> 才知万里滇南走，天遣苍山种树来。
>
> 一粒丹砂一鼎封，一枚松子一株松。
> 何时再买三千石，遍种云中十九峰。

● 逛在古城 〉〉〉〉〉〉〉〉〉〉〉〉〉〉〉

街区古韵

　　伫立大理古城街头，您可能已经感受到了大理古城街区的"古、秀、雅"。古城东临碧波荡漾的洱海，西靠四季常绿的苍山，形成了"一水绕苍山，苍山抱古城"的古城格局。境内横穿214国道和大（理）丽（江）公路，交通便捷。古城地处整个苍洱风景区的中心地带，是南诏、大理国历史文化景观的主要分布地。独特的大理古城历史风格和空间形态，使大理古城承载了自明洪武十五年（公元1382年）以来600多年的历史面貌和历史信息。我们从古城的名楼、牌坊、古街巷、古井的命名上便可知道古城街区那悠久的历史和其中隐藏的深厚文化内涵。

　　古街巷　大理古城呈方形，开四门，上建城楼，下有卫城，从南到北有五条街，从东到西有八条巷，中间是青石板铺成的道路，贯穿南北两座城门，为明清棋盘式的格局。大理古城内街巷古朴宜人，宜于漫步闲游欣赏。600多年来，人们从斑斑驳驳的岁月投影中，辛勤浇灌自己的温馨家园。古街巷里代代传承的人文故事，今天听来依旧趣味盎然。在古城的街巷中访古探幽，仿佛在如诗如画的时空隧道中行走，离开了尘世的喧嚣，让疲倦的身心在这里小憩。南北向的博爱路、复兴路、新民路、广武路、叶榆路；东西向的苍屏街、人民路、护国路（洋人街）、银苍路、平等路古意盎然，清一色的青瓦坡顶屋面，弹石与麻石、青石板相结合铺砌而成的街巷路面保存完好。大家可能都注意到了，大理古城的南北五街和东西八巷汇合的地方都由"口"、"牌坊"或古井构成，充分体现了历史街区的古色古香。从南至北，人民路与复兴路的交叉路口，称卫门口，护国路（洋人街）与复兴路的交叉路口，称塘子口，塘子口往东，是新民路与护国路的交叉路口，称诚心井，玉洱路与复兴路的交叉路口称四牌坊，四牌坊往东，是新民路与玉洱路的交叉路口，称小街口，沿复兴路北行，银苍路与复兴路的交叉路口称鱼市口，平等路与复兴路的交叉路口称大水沟……闲逛古城，您会看到，大理古城历史街区中的"口"或"牌坊"、南门古楼、五华楼、北门古楼……就像乐曲里的休止符，把古城的主街复兴路在空间上分成几个段落，形成多个演进空间，减少了绵长街道给游人带来的疲劳感，使街道空间富于节奏变化。您还会看到沿街的建筑物有少许的前凸后凹，这也是古城里古街巷微小的停留空间，避免了线形街道空间的单调与乏味。不论是白天还是夜晚，驻足拍照的游人不计其数，恰似一部凝固的乐章，撞击着人的心灵，给人以愉悦和兴奋。沿着红龙井、新民路小街口、银苍路行走，走累了，可以停一停，耐心观赏古城古朴的房舍，葱茏的绿树，哗哗流淌的溪水中透出的那份动静相宜的美丽。

古街巷是大理古老历史留下的脚印，悠长深远。街，热闹开放；巷，含蓄封闭，恰到好处地表现了大理白族文化的特点，体现了典型的滇西小城的市井生活。

从文献楼到古城南门这条街称文献路，过去是手工制革作坊和牛羊皮交易的集市，抗日战争时期，大理缝制的麂皮夹克曾风行一时。现在这条街已建设成清一色的"青瓦白墙坡屋顶，门楼照壁小院落"式的白族民居建筑，主要供私人开设休闲花园和制作实木古典家具。听长辈讲，大理古城自古就有"一街一业"的民族工业传承，有南门外的皮匠村，北门外的箕匠村，西门外的水碓村，东门的菜园、果子园，新民路南段的米市，也有理发的、打石头的、打井的、酿酒的、制糖的等行业。民间流传着"南门外的火烟——皮气"的民谚就描述了南门外皮制品加工业的景象。现在虽然无法再看到这些古老商户的繁荣，但我们走过复兴路所看到的"大理宝藏"、"白族印象"、"寸四银铺"等水晶、布艺、银器、扎染等店面的闹热，就足够想象古朴的"一街一业"曾经给古城人的生活带来了多少繁华、便捷与记忆了！

从南门直达北门的复兴路，是古城的主干道和最繁华的街道。清代到民国年间，居住在路两旁的居民多从事手工业，产生了许多能工巧匠。这里生产的鞋帽、铜铁器皿、金银首饰、金箔和笔墨、印刷、糕点、草帽、咸菜、大理石等远销滇西，是当时人们心目中公认的名牌产品。20世纪80年代初，大理古城开始旅游接待，近30年来，适应旅游接待的需要，复兴路南段逐渐演变为经营翡翠、扎染工艺品、大理石工艺品、银器、茶叶、果脯、鲜花等大理地方特色工艺品和美食的街道。复兴路北段，以居民日常服装、百货等日用品销售为主。

在大水沟附近的平等路中段坐落着滇西第一所教堂福音堂。基督教传入大理的时间是清光绪七年（公元1881年），第一个传教士是英国人花国香氏，现存的教堂建筑是传教士韩纯中于1914年主持建盖的，可容纳200多人，坐北朝南，房顶有钟楼，西式尖顶窗，教堂的四面墙壁都是用石块垒砌，新中国成立前，这里曾开办过小学校，称为圣公会。大水沟往北，是由新中国成立前的福音医院演变而来的大理市第二人民医院。

人民路，当地人俗称卫门口。挨挨挤挤地聚集了西餐厅、大理特色小吃、杂货铺、理发店、大理鲜花、户外休闲用品、白族民居客栈，从街头到巷尾让你目不暇接，眼花缭乱。随着大理旅游业的繁荣，这些老店铺充分发挥了接待旅游者的作用，被旅游者戏称为大理"第二洋人街"。居住在人民路的基本上是大理本地人，在这里，生活的节奏缓慢而有序，路旁的酒吧、餐馆和客栈里弥漫着自由和安宁的气息。人民路上段有大理境内现存年代最早的清真寺，清真寺东侧那棵古老的空心树，每天日出日落，见证休闲漫步、享受大理阳光的旅游者。生意兴隆的蒸饺店便宜实惠的三块五毛钱一笼的蒸饺散发出的腾腾热气，卫门口老字号杨记乳扇店，蘸满了玫瑰糖的特色小吃烤乳扇散发出浓浓甜香，卖汤圆的老夫妇一路吆喝叫卖，五元一碗的汤圆下面还埋藏着两个大大的土鸡蛋……这份不可多得的温情与淳朴，温暖着每一个游客的心窝。

人民路沿复兴路往北步行约一百米，就是驰名中外的洋人街。从洋人街口沿复兴路再往北步行约一百米就是四牌坊，横贯古城东西，在四牌坊与复兴路相交汇的是玉洱路，玉洱路是古城内最为宽阔的东西干道，也是古城文化休闲场所最为集中的街区。小巧玲珑的玉洱园、休闲服装、杏花村酒家、四方小吃、杨家花园……一家家白族庭院餐厅、白族园林和私家花园散布在街道两侧，成为古城人文化休闲娱乐的好去处。

复兴路以西，与复兴路相平行的是博爱路。在博爱路武庙原址，保留着大理现存最大的照壁，博爱路南段有南门清真寺，距清真寺仅百步之隔是杜文秀帅府，清末杜文秀领导的起义军攻下大理后，据说常常来寺内做礼拜。每年冬季，博爱路两旁的冬樱灿烂绽放，如火如霞，为这条古老的街道披上了迎接四海宾客的盛装。

街巷两旁房屋墙面的装饰富于变化，很有特点，当地的白族文化、本主文化元素在其中收放自如。在正房的山墙上一般都绘有丰富多彩的白族民居彩绘图案。山墙高低错落有致，两层瓦顶，多为土木结构，以石材为基础，出土部分为条石对缝，承重结构为木架，墙砖的颜色一律青灰色，屋顶使用传统的青色瓦片，红褐色的梁柱门窗。灰砖青瓦的颜色搭配恰好与古城城墙沉着浑厚的色调浑然一体，形成统一而和谐、古朴而典雅的古城风貌。而古城方围只有约3平方公里，但却保存了"殿"、"宫"、"寺"、"阁"、"祠"、"庙"、"庵"、"福音堂"、"天主堂"等40多处宗教文化建筑，这在古城的建筑中是很少见的。西方文化、天主教、基督教、伊斯兰教、佛教、道教等宗教文化元素恰到好处地与白族风格融合，丰富了古街巷的内涵。新民路南段的天主堂，是既保持了西方教堂的规范，又有飞檐斗拱、娟秀彩绘、装饰华丽和雕刻精细等白族文化特色，成为西方文化与白族建筑特色相融合的一件民族瑰宝。当然了，漫步古城，不论是天主堂、福音堂，或是博爱路上的清真寺、武庙，您随时都可以感受到这种西方文化、大理本土文化的碰撞以及大理文化自觉、开放性的历史表达。

各位游客！细心的您一定看到了，在古城的街道上，座椅、街灯、垃圾塔、卫生间等城市家具和艺术小品，都经过了精心设计和恰当选址，不但给游人带来了方便，而且增加了古城的层次感。行走古城街头，古城景观清晰而不直白，丰富而不杂乱，随时都会有意外的发现。这样的古城街巷，对来访者意味着新奇和神秘，而对本地人来说，则是亲和与熟悉。

古井 大理古城是一座多井的古城，在古城的自来水问世和普及以前，井水是大理人赖以生存的主要水源之一。在改革开放以前，古城水井有数百口之多，其中有不少井的水质很好。古城的民居、花园、古井的和谐之美，为大理留下了"三家一眼井，一户几盆花"的美誉。古城人在水井的建造、管理和保护上形成了独特的井文化。古城居民对水井是非常崇敬的，没有人做损坏水井和污染井水的事，自觉地认为那样做是罪过。古城的井，形状以圆形、方形居多，六边形的较为少见。大多数古井在建成时并没有题记，由于年代久远，大多数古井的名号今天已经失传，只有红龙井、护国路东段诚心井、人民路东段梅子井的名号流传了下来。红龙井所在地现在是古城旅游文化核心区，梅子井是一家很有特色的白族庭院餐厅，天井里，一棵古老的梅子树掩映着一眼元代留下来的古井。"梅子井"的梅子茶、梅子酒、梅子扣肉深受游客喜爱。诚心井，意为诚信之井，由于它位于古城中心，所以也称城心井。关于诚心井，有一个美丽的传说。传说大理古为泽国，称叶榆泽，经常有恶魔罗刹作祟。观音普度众生，降服了罗刹，又开通了水道，使大理呈现一片锦绣江山。但是，由于这里树木枝繁叶茂，人们很难进入。一天，一对兄妹逃难来到了这里，听说苍洱秘境是福国乐土之地，于是便在点苍山脚下披荆斩棘，开辟家园。在他们的辛勤耕耘下，苍洱之间出现了一垄平川。观音被兄妹的诚意所感动，留下双鹤点化他们结为夫妻，并用锡杖在平地凿了一眼甘露宝井，以嘉奖他们的诚恳。兄妹于是以宝井为中心，在宝井周围盖了房子从此居住下来。此后经历了汉、唐、南诏、大理国时期，古城里的居民都要用这井水饮用、洗衣，安居乐业，后人为之感动而称其为"诚心井"，以纪念先民的诚心之德，以开启后世的诚信之风。虽然传说带有许多创世神话的色彩，但现实生活里，邻里相聚"诚心井"边，妇女们在井边有的洗衣，有的洗菜淘米，说东家，道西家，老人们叼着烟斗晒太阳，其乐融融，有滋有味的那一幅幅传统而悠然的市井生活画面却是无比的温暖动人。

古城古井数量多，实用功能很强，大理古城人的市井生活，其实是因井为市。五街八巷互为连通，将各个区域连成整体。而在街口、固定的重要位置或交叉处等居民居住集中的地方或是院落里，都建有一口水井。古井凿井的费用大多是家族集资或民间募捐，也有独行其善的。古城人喝茶聊天，集会买卖、编织绣花常常在水井边进行。水井不只是为了满足人们的生产生活需要，而是聚集人们在井的周围进行各种活动的一个具有特定功能意义的空间场所。

大理人素有以"三道茶"待客的雅风，茶选用当地的感通茶，水取自古井。如今，古井水不再为当地人饮用了，但深谙茶道的古城老人，每当拂晓时，常常到西门外的水碓村、银箔泉背水，回来后，先用红泥小火炉烧炭火瓦罐烤茶，然后用这自家背来的水烧开泡茶，渐入人生一苦二甜三回味的佳境。

大理人醉茶？还是醉水？不得而知，但大理，让远来的客人醉了！

民居花园

各位朋友，如果说街区是组成大理古城的"骨骼和动脉"，那么，民居院落就是大理古城的"肌肉"。大理古城是"文献名邦"，大理人知书达理，尊师重教，为人讲求"德"，重"修身、齐家"，而不奢谈"治国、平天下"。古城居民很懂得生活，古城民居的社会形态与居住形态相联系，具体表现为民居的历史、文化、信仰、习俗和观念等社会因素所形成的特征与民居的平面布局、结构方式和内外空间、建筑形象所形成的特征相契合。古城民居建筑置于苍山洱海环抱的白族村落之间，多为坐西朝东或者坐东朝西、坐北朝南，每家都有一个小院子，大理人称为天井，一个堂屋，即客厅，形成了堂屋与天井结合、天井与庭园结合、室内与室外空间结合的特点，古朴而宁静，远离喧嚣的小环境处理使得大理民居的生活气息更加浓厚。在大理，"家家流水，户户养花"，林木、田园、溪水浑然一体，居民待人接物文雅、礼貌，追求淡泊明志、宁静致远、香远益清。随着旅游市场的升温，许多古城传统民居成了休闲"园"、"苑"、"山庄"、"家庭客栈"、"风味餐馆"。

大理民居，以白族庭院式建筑为主，设施完备，一座古城民居就是一座花园，民居与花园水乳交融，大理居民爱花，有

"家家流水，户户养花"的美名。大多数民居院内都有花坛，种植山茶花等多种花木。每年农历二月十四日朝花节，家家户户把自家的盆栽花木搬出来给社区，分别在南门古楼、古城文化园、复兴路电影院门前搭"花山"，吸引四方来客驻足欣赏。大理人爱花，常以花来给女孩子命名，"金花"是白族姑娘的美称，大理也被誉为"金花的故乡"。有时间的话，您还可以领略到传统"花园茶室"的闲情逸致，花丛下设有茶座，大理石桌面上摆放了盖碗茶、松瓜子，悠闲地躺在剑川躺椅上，或仰看蓝天白云，闻花香听鸟语，友人品茗谈心，或家庭会友小聚，搓搓麻将，打打桥牌，下下围棋，都能"令居之者忘老，寓之者忘归，游之者忘倦"。

算起来，大理古城民居花园形成的历史可不短。大理古称妙香古国，从南诏后期到大理国时期，学佛是社会风尚。当时上到国王，下至百姓，都以念经事佛为荣，佛教的盛行，促成了寺庙园林的兴盛。大理国时期，大理的园林已具有相当规模，园林形式与汉式园林相似，但更小巧、精致。

细心的朋友您一定留意到了，大理花园多是宅。由于有苍洱优美的自然山川做宏大的构图背景，民居花园与大自然融为一体，泉水溪流，奇花异树，别致的时光容器水井，融合了儒、道、佛的本主崇拜以及其他图腾崇拜物构成了古城民居花园的造景元素。建筑的形式上沿袭汉族式亭廊楼阁的传统造型，建筑材料因地制宜。古城民居中，家家都有一个花园，花园的空间要比天井开放。复兴路南门古楼附近的居民家，花园里种植有缅桂、茶花、兰花、炮仗花、三角梅，树下设有石桌石凳；有的前院为水景小院，内设盆景条石，水池与水榭别有情趣，后园内种植香橼、枣、桃、梨、柿、石榴等果木，两园一明一暗，与堂前庭院共同构成了舒适的居住环境，庭院中的花园为古城居民的居住空间平添了几分姿色。民居花园之花，主要是茶花。大理茶花，明代高僧担当谓之："树头万朵齐吞火，残雪烧红半个天"；郭沫若说它："艳说茶花是省花，今来始见满城霞"。七十二种南滇茶花品种中，大理古城便有四十多种。玉带紫袍，朱砂紫袍，玛瑙紫袍，牡丹茶，鹤顶红，早桃红，恨天高，童子面，菊瓣，九心十八瓣……每到花开季节，一园园，一片片，花香馥郁，目不暇接。

民居花园在建筑材料的选用上因地制宜，广泛应用了当地盛产的卵石和大理石，使民居花园景观独具乡土气息。建筑中因地造型，充分考虑到了防御和观景的双重功能。以卵石筑墙，是大理的一宝，大理古城的垒石技术已有千年以上的历史。这种技术又有别于贵州石板房垒砌的方法。贵州石板房的墙壁须采用尺寸恰好的石片一层一层堆叠起来，然后用铁钉钉入柱或枋，用以固定石板，而大理白族的石墙是采用经过溪水常年磨滚的鹅卵石，鹅卵石一般呈长条状，在垒砌时卵石上下错缝，一般是卵石的小头向外，大头向内，形成拉头，墙角部分仍用较方整的块石砌筑地基，这样可以有效地防止地震时倒塌。虽然并没有用水泥砂浆加以黏合，但用这种方法砌出的墙却能"石头砌墙墙不倒"，让人不禁佩服大理人的智慧。如今古城及附近地区的许多民居仍然采用这种方式砌建围墙、房屋、道路。在鹅卵石砌成的房屋或院墙的石缝中簇生的酸浆草，墙头摇曳多姿的太阳花、美人蕉，朴素的石头颜色和低调的气质使大理民居充满了静谧祥和。而民居花园的照壁、门楼和院墙的材质，则较多地使用了大理石的装饰，玉洱园、杨家花园、蒋公祠以及许多民居照壁的正中都镶嵌了圆形山水风景图案的大理石，照壁前常常用青石板或大理石砌花坛，用四块青石板围成的花盆栽种茶花和杜鹃花。民居花园的院子里一般采用青石板铺装，它们或是横平竖直地平行排列，或者是斜铺。家底殷实富足的人家，庭院会采用大理石作为铺装或砌台阶，并在堂屋前的厦台地面上，制作三组大理石镶嵌在地面上，白族人称其为"踏福"。"踏福"的图案基本上是吉祥"八宝"和喜庆"八宝"两类图谱，有一朵荷花、一根莲藕组合成的，象征家庭和睦，万事如意的"和合如意"图，使踏过的人也处处带上财气、福气和满意。民居里家家都有一眼古朴清凉的石井，或方或圆，表面粗糙古朴，井口留着一条条绳子的痕迹，不少古井已经废弃不用了，但却留下来作为主人与古城的时光记忆。民居内的以大理石加工而成的古玩和家具是珍贵的室内空间陈设，根据主人的喜好，有汉白玉、云灰石、彩花石、墨玉石、五彩石、冰花石、玛瑙石等种类加工而成的大理石挂屏、笔筒、笔架、砚台等；有的则摆放了兼具实用和审美功能的茶杯、酒具、烟灰缸、石臼、花瓶等生活器皿；还有的选择造型较好的石头题上字，在院子里作为景观石摆设。富贵人家则选取大理石中最具有精美图案的板材，由工匠根据石材的图案选用上好的云南红木、紫檀等名贵木材，经过雕花、镂刻、打磨，制成各式各样的桌子、茶几、椿檠等石云木家具。总之，物华天宝的苍山，不仅给了大理居民秀美的山光水色，遍山的奇花异木，还为他们出产了各式各样的卵石、大理石、花岗石、麻片石和青石。石头既是当地人的本主崇拜，同时当地人又具有高超的锻石、砌石、磨石的本领，石头让人们对大理古城民居花园充满了漫长而悠远的文化想象空间。

　　各位游客，水是大理民居花园内外交融的源泉，苍山十八溪水常常被聪明灵巧的工匠巧妙地引入庭院。不少民居里还留有祖传的石槽，用作储存雨水的池子，大多数人家则在天井放一个大水缸，水缸中添干净的井水，缸内可以养鱼，几天换一次水，水除了可以用来浇花之外，还可以在消防功能上发挥重要的作用。

手工艺品

各位朋友，大家好！到一个旅游地方，这里富有地方特色的手工艺品是不可不知，不可不看的。那么，有哪位朋友可以说说大理的特色手工艺品都有哪些呢？

扎染、大理石工艺品，对，这两种都是大理最有特色的手工艺品。除此之外，在大理古城还有其他的很多种手工艺品加工和销售，如银饰类、草编类、蜡染类、绘画类、珠宝玉石类、木雕类、茶雕类、皮具类、乐器类及东巴饰品类等。当然，最具大理地方特色工艺和文化的，就是刚才有朋友说的扎染、大理石、银饰和木雕这四大类手工艺品。

扎染、布艺 大家知道，在大理古城，街道五街八巷纵横交错，繁如棋盘。而我们大理古城的手工艺品，也和它的街道一样，工艺独特、种类丰富。大理古城手工艺品分布最集中、最丰富也最有特点的地方是南门古楼到五华楼这一片街区和五华楼到洋人街的这一片街区。

从南门古楼进去，顺着往五华楼方向逛，大家看到最多的，就是丰富多彩的扎染、布艺类手工艺品。主要包括以实用为主的日常生活工艺品类、以装饰为主的布艺工艺品类和集工艺及实用为一体的刺绣工艺品类。

日常生活工艺品类主要是用扎染布为材料制作的衣服、头巾、帽子、围巾、吊带、上衣、马甲、领褂、裙子、裤子、鞋子、挂包、小手帕、工艺布、茶桌布和窗帘等用品，具有较强的实用性。

布艺类主要是以棉、麻等为原料自己纺织，再结合现代流行元素和理念设计加工的布艺手工艺品，包括披肩、围巾、项链、戒指、头饰等装饰用品及衣服、裙子和包包上的挂件配饰等，种类繁杂，款式多样。较有代表性的如白族印象、白族手织围巾及白族手工纺织等几家店。这类工艺品价廉物美，深受游客的喜爱。

刺绣工艺品类则以丝绸、布帛等为原料加工制作，包括白族服饰、绣花鞋、腰带、小孩虎头帽、靠垫和披肩等类。其中，以彝族和白族的刺绣工艺品为最多。彝族的刺绣工艺品以绣花腰带和绣花鞋为主；白族的刺绣工艺品则分为两大部分：大理地区以白族服饰为主的刺绣工艺品和以手工绣花鞋为主的剑川刺绣工艺品。

大家请看，同为绣花鞋，但从材料、式样、色彩到图案来看，彝族和剑川白族的绣花鞋体现出截然不同的民族风格。彝族的绣花鞋多为传统的式样，尖头，多以红、绿、黑三色为主色调，图案丰富而复杂，色彩浓郁，传统的民族特色非常明显；而白族的绣花鞋则除了传统的式样，还将千针布帛底改成胶质材料，并设计出拖鞋、高跟鞋、凉鞋等鞋类，不仅丰富了绣花鞋的种类，还克服了传统布底遇水易湿的弱点，更适合现代人的生活所需。同时，从色彩来看，白族的绣花鞋图案明快，鞋面一般以纯白、红、黄、绿、黑、灰为主，在鞋头绣上雅致的图案，清新淡雅。而这种工艺品上的差异，实际体现的就是两种民族文化的差异。可见，观赏工艺品的过程，其实就是一次民族文化之旅。

当然，在这三大类手工艺品中，扎染手工艺品是规模最大，也是最有大理地方特色的，在大理古城就有150多家经营扎染的店铺。

说到这，大家可能会问，为什么大理古城会有这么多的扎染、布艺类手工艺品呢？这就先得介绍一下大理扎染及其工艺特色了。

扎染，古称绞缬、撮缬，大理地区的白族喜欢将其称为疙瘩布、疙瘩花，在白族民间传说中扎染是苍山的溪水所化，或说是仙女织出带到人间。

扎染是我国民间传统的染色技艺之一，与蜡染（蜡缬）和镂空印花（夹缬）并称为我国古代三大印花技艺。早在公元4世纪，这种技艺就已经使用。在唐朝时期，扎染曾一度较为兴盛，技术成熟，花色繁多，很多地区都在生产使用，尤其成为当时妇女服饰的一种时尚。但到北宋时期，由于宋仁宗把扎染作为宫廷专用品，明令严禁扎染物品在民间生产及使用，扎染日渐衰落。加上后来技术简单、印染速度快的印染业兴起，中国手工扎染受到更大冲击，在经济相对发达地区已濒临绝迹。发展到今天，扎染工艺除了在印度、柬埔寨、泰国、印度尼西亚、马来西亚等国保留外，仅在中国的西南少数民族地区仍旧保留使用。尤其以大理周城的扎染最为有名。

可能有朋友就会有这样的疑问：既然统治者都禁止生产使用了，那大理地区民间怎么还能把扎染工艺保存下来并发展成今天的规模呢？这与大理特殊的历史、地理位置和资源条件有关。大理地处边疆，宋初经宋太祖"玉斧"一挥，把云南大理划于统治区域外，所以宋王朝不许民间扎染的禁令对大理地区并没有效，这是扎染技术在大理得以保留的原因之一。另外，扎染的材料获取较为方便，成本较低，同时生产形式灵活，既可以以工厂形式加以生产，也可以以家庭作坊形式生产。当然，更为重要的原因是大理民间扎染是以对人体有益的纯植物——板蓝根为染料，并真正保留了纯朴、完全的手工制作，因此，在环保和自然等成为时代需求主流的社会背景下，大理的扎染便以其独特的价值成为扎染手工艺品中的代表，尤其受日本游客的喜爱而大量出口。除了"扎染之乡"的殊荣，2006年，大理白族的扎染还被选入第一批国家级非物质文化遗产名录。

而且，各位朋友，在制作程序上，大理的扎染是传承了我国传统扎染的制作工艺，但在花色图案和用料上却已经发展出自己独特的体系和文化。从色彩来看，大理白族的扎染以蓝、白二色为主调和基础。而大家知道，白色在白族地区是吉祥的象征，青色（包括蓝色）则象征着希望、淳朴和真挚，青白结合就表示"清清白白、光明磊落"。因此，大理扎染手工艺品的色彩实际就体现出了白族人淡泊、宽容的心态及对至善人生理想的追求。再从纹饰上来看，主要是以蝴蝶图案为主。对此，主要有两种说法：一种说法认为蝴蝶是美丽和坚贞爱情的象征，更是多子和生命繁衍的象征，因此，在白族地区有很多关于蝴蝶的美好传说，自然，蝴蝶也就成为白族扎染的主题；另一种说法则认为蝴蝶是吉祥和风调雨顺的象征，从而成为以农业生产为主的白族人民扎染的主题。不管是哪种说法，其实都是寄托了大理地区白族人民对生命延续的一种追求和对幸福生活的向往。

各位朋友，相遇是缘，也许今天您就能碰上和您有缘的那件扎染手工艺品，如果没遇上，也没关系，您还可以抽空到大理扎染的生产地——周城村，去用心为自己设计一块扎染布，制作成您心仪的手工艺品。

银 器 已经有朋友在惊呼：怎么会有这么多、这么漂亮的银饰手工艺品店！不错，如果说扎染工艺品是大理古城一道斑斓的风景，那银器手工艺品无疑就是大理古城里一个独特而晶莹的世界。在这一个个丰富而银光闪闪的银器店里，大家可以穿越时空，充分领略大理银器从唐南诏传统造型到现代流行银饰品的发展历程；也可以经历一次从白族、汉族、苗族、纳西族、彝族到藏族等众多民族传统和现代银饰品的迥异风格和别样风情的感受；还可以亲自拿起小锤体验和感悟"小锤敲过一千年"的厚重的沧桑历史。

大家有没有注意到，街巷间这么多家银饰工艺品店，几乎每一家店的名称里都有"新华村"、"寸氏"和"传统老字号"这样的字眼，这是怎么回事呢？有朋友可能会说，为什么各家的名字差别都不大，应该每家都有自己独特的称呼才好啊！其实，这中间可是有来历的。

　　为什么使用"新华村"这个村名作为店名呢？是因为"新华村"本身代表的就是一种民间工艺品牌。新华村是大理鹤庆县的一个以白族为主聚居的村落，有悠久的银饰工艺品加工制作历史。据记载，早在南诏国时期，新华村就已开始民族首饰及生活器皿的制作，目前已形成"一村一业，一户一品"的生产格局。

　　新华村的银饰手工艺品种类繁多，产品主要包括各民族生活用品、宗教用品、装饰品和收藏品等四大类，如九龙壶、九龙杯、古代十八般兵器、藏刀、藏刀壳、盔甲、铜盆、铜瓢、火锅、锣锅、面盆、水缸、奶桶、火盆、银碗、银勺、筷子、藏腰带、傣族腰带、手镯、戒指、项链、耳环、胸佩、帽饰、净水壶、转经筒、唢呐、长号、擂钵等民族工艺品。尤其是九龙系列产品，是新华村民间艺术大师精湛的技艺与新华村高原水乡龙潭文化结合最完美的代表。2000年新华村被文化部和中国村社发展促进会命名为"中国民间艺术之乡"和"中国民俗文化村"。新华村的银器工艺品也已经远销美国、法国、印度、尼泊尔和中国香港、台湾等国家和地区，"新华村"已经成为包含传统、质量和信誉等因素的品牌象征。

　　那为什么要使用"寸氏"呢？其实"寸氏"所代表的含义和"新华村"一样，也是一种品牌。新华村拥有众多技艺高超的民间工艺大师，到2002年，其中有四个已被云南省政府命名为"民族民间美术工艺大师"，尤其是寸发标先生，在2003年又被联合国教科文组织授予"民间工艺美术大师"称号，他是全国第19位获此殊荣的民间工艺美术大师。因此，除了"寸氏"是新华村的大姓这一原因之外，寸发标先生的声誉也是导致很多银器店使用"寸氏"的重要原因。

而"传统老字号"所传递的，实质上是新华银饰工艺品源远流长的历史。新华村自唐朝南诏时期开始从事金、银、铜民族工艺品的制作，至今已有1300多年的历史。在这漫长的历史长河中，勤劳智慧的新华人一代又一代地把民族手工艺传承了下来。在传统上，银饰手工艺只是新华村的一种副业。通常是男人们挑起小炉匠的工具，沿着茶马古道，到一些少数民族地区走村串户做手工艺，以"鹤川匠人"的美名远扬。旅游业发展以后，除了一部分长期在拉萨等民族地区及旅游名胜区做手工艺以外，大多数都在自己家里做，形成了"家家有手艺，户户是工厂"和"前店后坊"的生产格局。从而，"传统老字号"既包含了大理历史上马帮商号传承下来的技艺，而更多的，却是对新华村银器手工艺品"小锤敲过一千年"的厚重手工艺历史的展示。

说到这，我想大家就可以想到了，大理古城这么多的银饰手工艺品基本上都是出自我们大理鹤庆新华村的民间艺人之手，当然也是极具民族特色和历史文化价值的手工艺品。还要提醒大家的是，新华村的银器手工艺品从含银量上主要分为纯银和镀银两类，纯银一般90%以上是银子，而镀银主要以白铜和黄铜为主，在表面镀上一层银子。从价格上看，因铜、银材料成本价不同，两种工艺品的价钱相差较大；但从款式和工艺上看，两者差别不大，只是镀银工艺品的色泽一般只能保持半年到一年半的时间。

因此，如果感兴趣，大家不妨细细品味，根据个人的喜好和需要选择。也许，就在不经意回头的那一刹那，您就会很意外地找到那件让自己心灵感动的作品。

大理石工艺品 各位朋友，大家好！接下来，我要带大家参观的，是大理古城最有代表性的手工艺品——大理石工艺品。

大理石又名点苍山石，大理当地人俗称础石，是一种以碳酸钙为主，内含微量氧化硅、镁、铁等金属、非金属杂质的石灰岩，是在地球造地运动中，岩石变质后形成的。大理地区的大理石，主要有"汉白玉"、"云灰石"和"彩花石"三类。"汉白玉"又称"苍山玉"，这种石材晶莹洁白，清新素雅，给人一种一尘不染、恬静安然的感觉，主要用于建材和雕刻。"云灰石"，因其石面花纹酷似涟漪荡漾，故又称"水花石"。这种大理石主要用于园林建筑，北京故宫和十三陵就大量使用过该类大理石。"彩花石"又分绿花、青花、秋花、水墨花数种，是大理点苍山独有的，为大理石中的佼佼者，一般和木雕框架一起用于镶嵌高级家具或制成屏风、壁挂等作装饰用。

那么，如此美丽的大理石究竟是何时被发现并被用来加工成我们将看到的这些精美的手工艺品呢？这可是一段很长的历史了。

大理石的开采至少可以上溯到唐南诏时期。据考古资料的分析，唐宋南诏大理国时代，是大理石开采的初期，而且当时主要是用于佛像和石碑的制作雕刻。到明清时期，大理石制品的种类已非常丰富，产品也愈来愈精美。大理石不仅继续用于佛像和石碑的雕刻，还被广泛地应用于家具、屏风、文房四宝和花盆等的制作。尤其是彩花大理石中的水墨花种，以黑白两个极色为基调，浓淡干湿相宜、虚实疏密相间，素雅脱俗，其天然画面的意境，与中国传统水墨画极为神似，其浑厚高古的格调令很多文人雅士也为之倾倒。由此，大理石还曾被列为天下名石之首，比太湖石、英石、雨花石、孔雀石名贵。无论是文人雅士还是达官贵人，都以获取精品大理石或赠送亲朋好友精美大理石为雅趣和荣耀。大理石在当时体现的就是一种高雅的审美趣味和尊贵的身份。

清末，随着市场上对大理石工艺品需求量的增加，专门加工大理石工艺品的手工作坊和工厂也随之出现。今天的大理三文笔村在当时就已经是有名的大理石手工艺品加工地，村中就有一条以加工和销售大理石工艺品而远近闻名的"础石街"，还形成了一些传统的白族"石匠世家"。并且，还出现了"源盛号"、"源盛昌"、"元发祥"、"发盛昌"等专营大理石的商号十多家。

在大理，很多热爱大理石工艺品的人都相信：因为苍山有灵，生于苍山的石头，才或玉润明洁，或苍翠晶莹，或含云纳雾，或陷峰藏泉，似乎天地就独钟情于这片山水，把大千世界万般情景，都凝结在这些石头中，幻化为永恒。因此，今天，喜爱大理石工艺品的人越来越多，大理古城成了"大理石画"的主要加工、展览和销售地，而且，大理石工艺品的数量、品种和样式也都在不断增加，历代都有精品。大家看，这些精致的屏风、挂屏、花瓶、花盆、笔筒、砚台、笔架、镇纸、图章、研臼和茶具等，也就是大理白族民间工匠从有灵性的苍山上采下来的，再根据大理石的石质和画面特征、融入自己的真挚情感而做成的手工艺品。除了规模较大的大理石场、天和石场及大家现在看到的这些店，在大理北门去往三塔的这段路上，还分布着众多的大理石手工艺品店，您不仅可以欣赏和购买成品，还可以自己选购一块大理石，请师傅加工成您想要的工艺品，说不定，您还真能淘到一块宝石呢！

各位朋友，尽管在世界所产的大理石中，以意大利所产的为最多，但是，却是以大理所产的最为美丽和神奇。从这些凝聚了大理的地理风物、神话传说和人文情怀为一体的大理石工艺品中，我们可以看到白族人民是如何用自己的智慧和灵巧勤劳的双手使美丽的大理石有了灵魂、有了生命、有了图画的优美和音乐的律动。因此，朋友们，大理石就是最具大理特色的手工艺品，也是大家装饰、收藏或赠送亲朋好友最好的礼物。而当你和别人谈论大理石工艺品时，你就可以告诉他："这是一种会唱歌的石头。"

木 雕 "喜洲粑粑鹤庆酒，剑川木匠到处有。"各位朋友，我们现在要参观的，就是剑川木匠们的杰作——剑川木雕了。

对于木雕，我相信大家可能都不陌生。我国木雕工艺已有约7 000年的历史了，至今在全国不少地方都有很精湛的木雕工艺传承和发展。最有名的如合称"四大名雕"的浙江东阳木雕、广东金漆木雕、温州黄杨木雕和福建龙眼木雕，此外，山东曲阜、江苏、湖北、上海、四川等地分布着具有浓郁地方特色的木雕流派。那么，我今天要带大家看的这种剑川木雕有什么特点呢？它又是何以在全国甚至世界木雕业中凸显出自己的独特价值而深受海内外游客的喜爱呢？

这就不得不回到我们之前给大家说的，大理是天地情有独钟的地方，是个充满神奇美丽传说的地方。大理剑川木雕手工艺品的独特魅力也一样是天地灵气和其对大理钟情的产物。与通灵的苍山赐予了大理白族人民珍贵的大理石一样，大理的木雕也是缘于大理丰富的植物资源。

当然，大理人也没有辜负天地的厚爱，大理白族的工匠们不仅把热情和智慧洒在了大理石上，同时也倾注到了木雕上。白族木匠们的高超技艺在南诏大理国时期就得到了高度的发挥，如五华楼的雄伟气派和精美的建筑，《南诏图传》中秀气曲折的回廊和《大理国张胜温画卷》中造型精美的木椅等，都充分体现了南诏大理国时期木雕建筑的发展。而剑川木匠高超的雕刻技艺就是对南诏大理木匠技艺的传承和发展。

现在有朋友可能就要问了，那为什么就偏是剑川木匠传承了大理木雕技艺呢？关于这一问题，清代学者张泓认为是因为"剑土硗瘠，食众生寡"。即正是剑川寒冷的高原气候、贫瘠的土地造就了剑川木匠的坚韧不拔的性格，使得他们勇于四处漂泊做手艺。据史料记载，明清时期，剑川木匠就远至北京、拉萨，甚至到了缅甸、老挝、越南、泰国和印度等国家和地区，并留下了他们的杰作。

今天全国各地留下来的木雕精品，也再次印证了剑川木雕精湛的雕刻技艺：如2002年入选世界遗产保护名录的剑川沙溪寺登街存留的木雕制品，还有鸡足山三百六十寺、昆明忠爱坊、建水石照壁等都是出自剑川木匠之手。甚至在南京、北京、西安等地曾经的皇宫园林建筑中都留下了剑川木雕的作品。

各位朋友，剑川木雕工艺起源于唐天宝、贞元年间，发展于宋、元、明时期，在清代曾达到了其全盛时期。在长期的游艺生涯中，剑川木匠不仅传承也吸收和创造出了新的产品，提升和完善了其工艺，1996年被文化部命名为"木雕之乡"。尤其是剑川甸南的狮河村，更是剑川木雕中的代表，几乎家家都有木雕的能手。2004年，狮河村被云南省政府命名为"文化旅游木雕村"和"民俗文化试点村"。

好了，现在大家可以好好地观赏精美独特的剑川木雕工艺品了。在此过程中，大家可能还有一个疑问，那就是为什么木雕手工艺品没有其他三类手工艺品多，而且很多小件木雕工艺品的产地上写的都是缅甸而不是剑川。其实，这和剑川木雕的种类和特点有关。剑川木雕题材和图案十分丰富，有喜鹊登梅、鸳鸯戏水、狮子滚绣球、渔樵耕读、八仙过海、百鸟朝凤、十八学士闹梅花、二十四孝图、佛祖说佛图等。但是，剑川木雕的产品传统上主要分为两大类，一是作为房屋建筑组成部分的木雕，如格子门、门楼部件等；二是木雕家具，配衬上大理石，显得典雅大方。而这两大类产品的生产和销售目前主要集中在大理剑川。这几年，虽然新的产品种类，即纯粹作为纪念和收藏性艺术品的木雕工艺品也开始发展起来，但相较其他几类，小件还比较少。而大家看到的这些小件的红木雕和檀木雕工艺品，其木材主要是来自缅甸，但雕刻工艺却出自剑川木匠之手，如这些大象、佛像、生肖图案和八骏图等木雕工艺品都是大理地区较为常见的木雕图案。因此，如喜欢小件木雕工艺品，大家看到的这些也很有特色的，如果对剑川木雕的技艺和文化有浓厚的兴趣，您也可以亲自去剑川观赏和购买。相信大家再来古城的时候，就会有非常丰富、精美，而且方便携带的剑川木雕工艺品在等着大家了。

玉器 走出典雅古朴的木雕之美，我们就要开始我们的玉石工艺品之旅了。可能有朋友会问："历史上玉石出于缅甸，玉器产于腾冲，为什么在大理古城会有这么多的玉石工艺品店呢？"其实，大理和腾冲一样，玉文化的历史都很悠久。那么，玉器在大理地区的发展是始于何时呢？

大家知道，玉的含义较广，包括翡翠、玛瑙、碧石、水晶等，东汉许慎在《说文解字》里曾提出，玉是"石之美者"。中国不是玉的主产地，但却有着长达6000多年的玉文化。玉器在中国被视为山川之精灵和神物，深得中国历代统治者的珍爱。他们把玉本身的特性加以道德观念的比附延伸，使它在政治、经济、文化、宗教和伦理思想等领域都充当着特殊的角色，发挥着超越于作为工艺美术品的魅力和作用。这种对玉的虔诚的认同和理解在大理地区也产生了广泛的影响，而且，大理人似乎更倾情于翡翠，尤其是其中的纯绿者。翡翠产于缅甸，但大理却从明清以来就是其最大的原石和制成品集散地之一。

在清朝著名学者檀萃编写的《滇海虞衡志》中，就有这样的记载："玉器物，名目最多。玉自南金沙江来，大理玉匠治之，省城玉匠治之，大则玉如意，或长一尺二尺；次则圭璧、璋琮，其他仙佛古形象无不具。一切盘、碗、杯、彝、文玩尤佳。玉扳指、玉手圈，官吏无不带之。女钏同男，或一手双钏以为荣。而玉烟袋嘴，则遍街。虽微贱，吃烟亦口衔玉嘴。至于耳坠、帽花之类，又不足论者，其滥于用器如此。"从此记载中看，当时玉器的加工主要集中在大理和昆明两地，而且种类非常丰富，大的有各种如意、佛像和日用器具等，小件则如各种首饰、耳坠、帽花和玉嘴等，在实际生活中使用非常广泛。由此可见，大理作为玉石加工集散地的历史最晚可以追溯到清朝时期。

目前，大理已和瑞丽、腾冲，广东的番禺、揭阳、四会及平州一样，成为全球最大的翡翠加工基地。大理古城的玉石工艺品店有60多家，仅次于扎染布艺类工艺品。最大的原因，应该是大理人一直不变的玉情结：玉，是善和美的体现。正是这样的一种情怀，使得大理人，尤其是女性，千百年来对玉一直情有独钟，银和玉，是大理女性从年青到年老一直随身戴的最普遍和最珍贵的首饰。大家注意看走在古城里的这些大理女性，几乎人人身上都佩戴着玉或银手镯，甚至很多人是两种同时戴着。

此外，大理的很多地名和故事都与玉有关，如玉局峰、绿玉溪、碧玉崖、玉磬碑、玉龙宫、玉洱园、玉洱路，如《银苍玉洱》、《金桥玉路》、《玉蝶茶花》、《玉观音》、《玉白菜》。连大理石品种中也有很多以玉为名的，如秋花玉、反白玉、五花玉、孔雀玉、晶墨玉等。可见大理的确有着非常深厚的玉文化情结。

各位朋友，玉石不是产于大理，但大理人民却创造了丰富的玉石文化。尤其是神妙莫测、韵趣无穷的翡翠，更是被大理人作为招福、避邪和养生的吉祥之宝。因此，大家现在可以慢慢观赏，这可不仅仅是对玉石工艺品器物本身的一种欣赏，更是对大理白族人玉石审美和认同感的一次深度体验。

逛在古城

【链接】

● 银器的分类：银器的分类按其成色划分，可分为925银、975银、990银等。925银是国际上做银饰品的国际标准银，是指含银92.5%、含7.5%的合金的银饰品，是现在市场上较为普遍的。而按类别和加工风格，银器工艺品也可分为素银（白银）、藏银和泰银等。

●新华村银器博物馆：目前云南省唯一一家最大、藏品最丰富的银器专业博物馆，馆内收藏了2000多件唐宋至今的民间珍贵银器手工艺品。

●核桃工艺品：核桃工艺品是大理古城的又一特色工艺品。它是借核字谐音"和（合）"，表达一种祝福和吉祥。核桃工艺品不仅寓意团圆幸福，还能作为镇宅保平安的吉祥之物。据记载，早在公元1778年，乾隆皇帝就曾用核桃制品摆放在帝王神龛上作为"驱邪呈祥、保佑平安"之物。1997年香港回归时，中央政府赠予香港特别行政区的纪念品中就有核桃制作的珍品。可见，外壳坚硬、色泽深沉古朴、纹路清晰、内部花纹优美，通过选料、切片、弃果仁、打磨、抛光、粘接、定型等数十道工序手工制作而成的核桃工艺品，是游客大理旅游的理想纪念礼物。

●吃在古城 〉〉〉〉〉〉〉〉〉〉〉〉

美食概览

朋友们，游览了这么长时间，肚子一定在"闹革命"了吧？别着急，古城里到处都有美味的食品可以品尝，只怕到时会因品种太多而难以选择到底先吃什么呢！

好，下面就给大家说说古城的美食吧。

大家看到街上的那些小吃了吧？最多的就是梅子、乳扇、烧饵块了，那可是当地人的心头最爱。另外，餐馆里可以吃到沙锅鱼、生皮，这些美味经常让外地人心痒难耐。洋人街的比萨、意粉和牛排总是吸引着一拨又一拨异国他乡的旅游者，使他们念念不忘，难以释怀。这些美食源远流长，特色鲜明，并且已经在地理分布上形成了一定的特点：从南门到北门的主街集中了梅子、乳扇、烧饵块等本地人和外地人都喜爱的小吃。东西走向的玉洱路、洋人街和人民路则是餐馆云集之地：玉洱路上分布着杨家花园、杏花村、四方小吃等本地风味的庭院餐馆；洋人街、人民路集中了各种风格的西餐馆和酒吧。而南门外博爱路上和洋人街下段晚间的烧烤摊是年轻人聚集的地方。从清晨到夜晚，古城的上空都弥漫着亲切的美食味道，对旅游者来说，在古城中品尝美食是不可错过的美好体验。

洱海地区的饮食文化历史悠久。考古发掘证明，早在新石器时代，洱海地区的居民已经会使用火、吃熟食，并已经会制作陶器、石刀、网坠等物,证明当时人们在食物器具和渔猎方面已经达到一定水平。在剑川海门口的考古发掘中,除陶器和石器外,还发现较多的兽骨、骨角器和铜器,更重要的是发现了碳化谷物。说明当时人们的食物已经比较丰富,不仅可以吃到通过渔猎得来的肉食,还有了耕种得来的谷物,饮食结构也开始多样化。因此,在古代的苍洱地区,人们就已经开展了与饮食息息相关的各种活动,并且已经在用火、用具、渔猎、耕种、畜牧等诸多方面达到了一定水平。

到了南昭大理国时期,洱海地区的文明到达了新的高度,大理成为滇西乃至整个云南甚至辐射到东南亚的政治和经济中心,饮食文化也随之到达了一个前所未有的水平——这个时期的饮食已经与宗教信仰、政治交往比较紧密地联系在了一起。唐人刘恂在《岭表录异》中就记载了南诏王宴请汉使时,曾用"象戏"(即令大象随着音乐节拍起舞)招待的情况。说明南诏宫廷在招待贵宾时已经把歌舞等形式的娱乐方式融合到饮食形式当中,并且已经达到相当高的水平。

元代随元军进入的"色目人"带来了伊斯兰教信仰,生活习惯也一直保持着伊斯兰传统,回族饮食在大理从此根深叶茂。明清时期由于汉族移民的大量涌入,中原和内地的饮食文化对洱海地区的影响进一步加深,在这一时期出现了用来煮饭的甑子,这是饮食器具方面发生的一个重大变化。这个时期洱海地区的饮食在各个方面都比以前更多地受到了汉族和其所代表的主流文化的影响。

民国初期,到处行商的商帮们从他们到过的地方,譬如英殖民地的缅甸、法殖民地的越南等地带来了西方的文明，同时也带来了来自南亚、东南亚的风味。这个时期异域饮食文化的色彩比以前有所凸现，西式咖啡在一些新派人家受到追捧；在一些气候适宜的山区，人们开始种植咖啡。时光荏苒，到了抗战时期，随着滇缅公路和驼峰航线的开通，大理成为中国对日作战的重要军事交通枢纽。大理人流聚集，很多来自中国内地各大城市的人们聚集在这里，他们带来的内地很多地方的饮食和文化对大理饮食产生了深远的影响。

改革开放以后，随着旅游的发展，大理饮食可谓百花齐放。由于经常接待来自各地的旅游者，古城护国路形成了集中外国饮食的"洋人街"；大理的团队餐也曾一度被旅游者交口称赞。在这一时期，白族三道茶也逐渐发展成为大理旅游饮食的王牌产品。

从上面的讲述我们可以看到，外来文化与本土文化的交融一直贯穿了大理饮食文化发展的始终。大理人喜欢做菜，善于学习，勇于尝试并把各种可以利用的元素融合到本土饮食之中，使大理的饮食总是能在本土风味和外来口味之间找到比较好的平衡点，这是大理饮食文化中最独特的地方之一。

朋友们，这么悠久的历史和这么灿烂的文化在古城凝结成了各种奇特的食俗和佳肴：有生皮；有沙锅鱼、冻鱼等各种鱼菜；还有乳扇、饵快、凉鸡米线、雕梅等地方风味小吃和三道茶、梅子酒等饮品。每一种美食在刺激着您的味蕾的同时，其中的文化相信也在不时触动着您的心灵。

古城饮食的特点可以归纳为"土"、"奇"、"杂"三个字。"土"是指古城饮食的本土风味。口味上，古城饮食可以总结为"酸辣、咸鲜"。这与大理地区的气候环境息息相关。大理气候宜人，四季如春，饮食的主流受川菜影响比较大，以酸辣为主。另外，大理的世居民族——白族的生计方式一直都以农耕及渔猎为主，出于补充体力的需要，咸鲜成为饮食主味。大理有山有水，物产丰富，本土出产的山珍海味在食材上赋予了大理饮食浓厚的本土特色，弓鱼、干河菜都是大理特有的食材。在烹饪方法上，大理人充分显示出对美食孜孜不倦的追求。特别是在酸辣鱼的烹制上，单单是酸味的调理就有十几种不同的方法。在用传统的木瓜醋、梅子醋来调味外，还不断尝试，用各种各样的梅子、番茄、柠檬等精心调制鱼菜的酸味，使得大理的酸辣鱼呈现出多种与其他地方截然不同的风味。

"奇"是指古城饮食有着很多与众不同的特点。云南十八怪里至少有三怪可以在古城见到：即"牛奶作成片片卖"的乳扇，"粑粑叫饵块"的古城烧饵块，还有"鲜花就是一盘菜"的各种花做成的菜。在古城里，不时可见人们把乳扇夹入豆沙和玫瑰糖烤制成卷筒状当街即食；还有人把饵块揉成团，加入馅料作成巴掌大、饺子形状以后再放到炭火上烤制。

"杂"是指古城饮食无论从口味还是形式上都相对综合。这种情形与大理地区自古以来为滇西要冲，一度还是云南的政治经济中心有很大关系。大理被称为是"亚洲文化的十字路口"，这种特点在饮食方面也有所体现。从"茶马古道"到清末民初的商帮往来，大理地区一直都是人流、物流的中心；

佛教的多种分支、道教、儒教等各种宗教流派也在这里交汇，这些交融体现在饮食上必然是百川汇海式的综合。在这里，白族、回族、汉族等各民族的饮食交相辉映；本地的、外地的、外省的和外国的口味异彩纷呈；最有意思的是无论何种文化背景的饮食总是能够在古城的空间中找到一席之地，并且能够和其他饮食一起如此和谐地共同为大家呈上味觉、视觉和精神上的饕餮盛宴。

　　不知道大家注意到没有，除了口味之外，古城饮食服务的方式也很特别。一方面，受民族礼仪和礼节的影响，一些饮食在服务时程序比较复杂，且有一定的特殊意义。最典型的就是三道茶，一苦二甜三回味，每一道都有特别的礼仪。另一方面受到地域习俗的影响，在服务方式上也有一些地方特点。在古城的餐馆里，最常见的就是把菜肴原料陈列在餐馆门口或厨房门口；客人点菜时直接对着原料点菜。这种点菜方式的好处是可以让客人直接看到菜肴原料，在一定程度上保证了菜肴的新鲜和卫生。不过，有很多外地人不习惯这样点菜，认为不明码标价会让人怀疑餐馆经营者是否能够诚信。其实，本地人已经非常习惯这种点菜方式，对具体的价格有疑问的话可以事先问清楚，最后结账时一般都不会有什么纠纷。有些餐馆受宗教信仰的限制，也会对客人的行为有一定的要求。比如，在清真餐馆就餐，是不能提与猪有关的话题的，饮酒也会受到限制，回族忌讳的食品也不能带入这些餐馆里。

古城的小吃

大理是一个山水国度，也是一个美食国度。悠久的历史、淳朴的民风、秀丽的山水孕育出了大理独特的饮食文化。在大理，你除了能吃到富有白族特色的中餐和西餐之外，还能饱尝众多的美味小吃。在古城慢慢地走、悠闲地逛，累了，停下来，花几块钱吃一块乳扇，或是要一碗凉鸡米线，那份自在和畅快从味蕾一点点弥散开来，将你整个地包围住了。游大理古城而不品尝古城的美味小吃，不能说不是一种遗憾。大理古城的风味小吃主要有乳扇、凉鸡米线、烧饵块、豌豆粉等。

乳 扇 乳扇，号称云南十八怪之一，有"牛奶做成片片卖"之说，是大理最有特色、最为出名的地方小吃。乳扇其实就是一种牛乳制品，被称为中国的奶酪。乳扇分乳白、乳黄两色，通常长5～30厘米，宽10～12厘米，呈斜长扇形，两扇叠套在一起，称为"一对"。乳扇看上去如南方的春卷皮，呈薄而半透明状，闻起来有淡淡的奶香。大理气候湿润，雨量充沛，牧草丰富，当地农村居民几乎家家养乳牛，这为乳制品的制作提供了充足的奶源。早在清初，白族人就已经掌握了用鲜奶制作乳扇的技艺，至今乳扇仍是大理地区有名的小吃，深得大理人的喜爱，"邓川弓鱼美，洱源乳扇香"就充分说明了这一点。乳扇加工制作时，先在锅内盛些酸水煮热，然后在煮热的酸水里放入一木勺鲜奶，过一些时间，即用一双筷子般粗的两根小木棒把鲜奶调匀，乳水慢慢成块后，取出拉制成扇形薄片，挂在用竹竿做成的乳扇架上，晾干即成色白如乳、形如扇子、光滑油润、奶香四溢、独具风味的乳扇了。乳扇不仅独具风味，营养丰富，含有人体所需的蛋白质、氨基酸等多种物质，还有调和气血、安神养心、健胃补虚等功用，是增强体质，促进人体健康的佳品。

乳扇既可以煎炸烤烩，也能生吃。用乳扇配以其他肉类蔬菜，可以烹制成令人耳目一新的各种乳扇系列食品，还可用豆沙、玫瑰糖、蜂蜜、火腿、白砂糖、蔬菜、沙拉、巧克力等材料做成夹沙乳扇卷。

从古城南门顺着复兴路走，一路都有小摊卖烤乳扇。一只小炭炉、一把火钳、几瓶不同味道的酱料、身着白族服装的大婶及其盈盈的笑脸便是古城烤乳扇的活招牌，足以撑起场面。清清的乳香和不同口味的酱汁，一口咬下去汁液四溢，酥酥香香的味道在嘴里打转，那种爽的感觉，是在别的食物中不容易体验到的。

凉鸡米线 如果你来到大理，轻嗅过上关花，吹过了下关风，观过苍山雪，也赏过了洱海月，却没有在大理古城品上一次凉鸡米线，那么，你的游趣可是要大打折扣。凉鸡米线绝对称得上是大理古城小吃中的当家花旦，它以大理地区的"粗米线"为底，加入特制的作料而成，色、香、味俱全，是大理人最喜爱的食物之一。只有苍洱的山水民风才能孕育出这等爽口清新的小吃，吃到它，就如同品到了大理风物的精华一样。大理的凉鸡米线口味中庸、酸甜适度、清凉鲜香，喜食酸辣的本地人喜欢自不待言，口味大相径庭的外地人也能轻松接纳。

凉鸡米线由凉拌米线、凉鸡肉丝配以佐料、卤汁制作而成。凉拌米线是将当地产的上等粳米淘洗干净，磨粉过筛制成浆，通过漏勺注入沸腾的滚水锅中，待漂浮时捞出即成米线。凉鸡肉丝的制作是将本地土鸡宰杀后，把血、毛、内脏除净，放入冷水锅中，在火上煮沸后，打去浮沫，加入草果、生姜，煮至八成熟时再加入盐、胡椒，至鸡肉离骨时捞出冷却，然后制成鸡肉丝，作为"帽子"。凉鸡米线的基础配料之中，最具统帅性质的是卤汁，它是用鸡汤加小粉调出来的。大理古城的各家老店各有绝招，几味秘制调料加进去，鲜香之味尽在其中。

凉鸡米线来自民间，它简简单单、清清爽爽，却历经岁月而不衰。如果你逛古城觉得有点累了，不妨找一家路边小店坐下来，要上一碗凉鸡米线。精制的凉鸡肉丝"帽子"乳黄光亮，静卧于绵软润白的米线之上，再加上黄色的豆芽，鲜嫩翠绿的芥蓝，雪白的萝卜丝，盐、酱油、味精、蒜汁、花椒油、辣椒油调入其间，最后，再撒上煎过舂碎的核桃仁或花生仁，这些食物全都在一个粗瓷青花的大钵里，笑眯眯的老板往往还会送上一碟酸脆的泡菜。嘴里品着清凉、滑爽的凉鸡米线，你的心里或许在感慨：原来快乐就是这样简单！

大理古城的每一家小吃店几乎都有凉鸡米线，其中，卫门口那家"再回首"的凉鸡米线是比较出名的。信不信由你，在很大程度上，凉鸡米线可以被看成是检验大理古城小吃店家手艺的试金石：凉鸡米线做得好的，这一家大抵就不会让人失望，要是凉鸡米线口味只是一般，那么其他的小吃也一定乏善可陈。

饵块 "云南十八怪，粑粑叫饵块"。饵块是大理常见的传统食品之一，是用优质大米加工制成的。其制作过程是将大米淘洗、浸泡、蒸熟、冲捣、揉制成各种形状，一般分为块、丝、片三种。制成的饵块色泽洁白、质地细嫩、劲道、味美可口。无论煮、炒皆不黏糊，其干制品保质期长，便于携带，最受外地旅游者的喜爱。每年冬季，年头岁末时，大理民间按习俗都要做小饵块。小饵块用木模压制成花卉、动物图样，亲朋好友之间互相赠送，相互品尝，这时的饵块既是风味食品，又是民间工艺，还颇有喜庆之意。

饵块食用方法多样，在大理，最有特色的是新鲜现揉的烧饵块。"烧饵块"是一种价廉物美、食用方便、独具风格的小吃。大理的烧饵块因其做法独特、历史悠久、味道醇厚鲜美已成为大理著名的地方小吃。大理烧饵块最有特点之处是手揉，即将蒸熟、冲捣后的饵块团放在光滑洁净的大理石板上，用手揉成饼状后，按各自品食习惯，内包白糖、核桃仁、腐乳、芝麻酱、辣椒酱、油条、咸菜等作佐料，放在木炭火上慢慢烘烤至表皮软黄后即可食用。这种烧烤出来的饵块香脆可口，食后许久还余香在口，备受人们的青睐。

凉豌豆粉 豌豆凉粉是另一种有特色的大理小吃。豌豆粉是云南人十分喜爱的杂粮制品，是将干豌豆粒磨瓣去皮，用水泡发后，掺水磨成浆，经过滤、熬煮成糊，冷却后凝固而成。其质地细腻滑嫩，色泽姜黄，口感有豌豆的特殊芳香，经刀切成形后烹调，可热吃或凉吃，其中以凉豌豆粉最受当地人青睐，是云南盛夏小吃，好吃又好看。昆明的中老年人提起凉豌豆粉都会勾起青少年时代最温馨的回忆，至今仍是家庭自配口味的夏季凉食。凉豌豆粉是将豌豆粉切成条状，然后放上些香菜、生姜、蒜、醋、辣椒等佐料，将这些配料和豌豆粉搅拌均匀。酸、甜、麻、辣，鲜香味浓，咬到嘴里带着一丝清凉，十分过瘾，尤其受青年朋友喜爱。

云南的豌豆粉各有特色：保山下村豌豆粉，师傅用特制的刀片把豆粉切得细如丝，作料中醋格外香；玉溪豌豆粉，一般和卷粉或凉米线一起拌，有微甜味，而大理的豌豆粉喜欢加酸菜或酸萝卜丝，味道极好。

大理古城的小吃店大多都有卖凉豌豆粉的，推荐你在古城闲逛时候注意找一家叫"再回首"的小店，那里的凉豌豆粉非常好吃。从古城南门顺着复兴路走，要到古城中心十字路口时，在狭窄的小巷里，有两家卖凉豌豆粉、凉面的小摊。小摊上放着黄澄澄的豌豆粉、凉面、凉粉，各种作料琳琅满目，几张小桌子、小板凳撑起一个人气旺旺的小吃摊。老板动作熟练，食客们或站着或蹲着或坐着，一声不响、专专心心地享用美食，有的被辣得头上冒汗，嘴里发出"嘘嘘"的声音，筷子却不愿意停下来。吃完了，揩揩嘴、擦擦汗，满意地离开。这样的酣畅、这样的过瘾，你可一定不要错过哦。

米凉虾 米凉虾，形如虾，取"凉夏"之意，是云南夏季解暑的风味小吃。凉虾是将大米制浆煮熟，用漏勺漏入凉水盆中而成，因头大尾细形似虾，故此得名。做凉虾时，材料要准备齐全：大米，铁锅，凿出小眼儿的木瓢，当然，也可用漏勺代替，但老人们说不用木瓢，凉虾的味道就变了，所以，最好是寻一个上好的木瓢，凿出均匀的小眼。把凉水浸泡一夜的大米用石磨磨成米浆，铁锅烧开水后，用有眼的木瓢舀起米浆，米浆顺着小眼滴入锅中，瞬间凝固，形成一尾尾两头尖、中间圆的小鱼小虾状米浆球，待煮熟后置于清水中凉透即可入口享用了。食用时，配上糖水，加入玫瑰糖。入口前，那琥珀色的水中游来游去的白色小鱼小虾，就已经诱人三分；入口后，顿觉香甜软嫩、爽滑清凉、沁人心脾。

在大理古城的复兴路上有几家比较固定的凉虾摊，颇受当地人的青睐。那透明容器里，游弋着一尾尾雪白的"小鱼小虾"。初来古城者，见本地人一碗碗吃得爽透了心的模样，也会忍不住来上一碗。喝到嘴中，那感觉，爽滑清凉，然后就记住了这小吃形象贴切的名字——"凉虾"。你在夏季来到大理古城，陶醉过青山绿水，欣赏过白族风情，一定不要忘了喝一碗古城的凉虾，相信它会给你留下美好的印象。

喜洲破酥粑粑 喜洲破酥粑粑原是产自大理古城北边的喜洲，因其美味可口深受当地人的喜爱而在古城落地生根，成为大理古城深受欢迎的小吃之一。

喜洲粑粑是大理古城往北约20公里处洱海边的喜洲古镇人创制的一种烤饼，用麦面做成，因其香酥而又软和深受当地人和游客的喜爱。喜洲破酥粑粑的制法是将精面粉入盆，注入清水，加入发粉，和成面团。之后，在面板上揉透擀成片，撒上精盐（或白糖），抹一层熟猪油，回卷成一长条状，然后分成挤子，擀成圆饼。用平底平口锅刷上菜油置于栗炭火上，待油冒烟时，把圆饼放入锅底，上面盖上烧有栗炭火的平底锅盖，上下两面均有栗炭火烘烤，使饼受热均匀，烤至六成熟时，取下平底锅盖，将饼倒翻一次，再盖上平底锅盖，烤至熟时即可食用。成品特色是色泽金黄，口感香、酥、松、甜（咸），油而不腻，冷热均宜，携带方便。在大理古城的一些游客不太集中的街道上，有出售喜洲粑粑的小摊，花三块钱就可以尝到酥脆的破酥粑粑。

丝窝糖 如果你徜徉于古城的主要街道复兴路一带，常常会碰到一些当地的老太太，向你兜售由一朵朵茉莉花，外加一两朵紫色或红色的九重葛花串起来的小花环，同时，她们还会怂恿你买一袋被她们称作丝窝糖的食品。丝窝糖虽不是大理的特产，但在古城的不少店铺里都有出售，不失为品尝和馈赠亲友的特色食品之一。大理的丝窝糖多来自西泽乡。白糖是西泽乡的特色农产品之一，在周边地区享有较高的知名度，而丝窝糖则是白糖的"改进型"和"加工型"，在白糖加热变得较软即将熔化时，把它拉成丝状，大约跟发丝差不多粗细，然后蘸上黄豆面，把它绕成卷，再经过特殊的冷却工序加工而成。丝窝糖以其纯正的口感、朴素的包装以及其细如发丝般柔韧的质地显示了令人赞叹不已的手工工艺，吸引着越来越多来古城旅游的客人，成为颇受游客喜爱的旅游食品之一。

白　族　名　菜

　　白族是大理的世居民族，品尝白族特有的各种美食佳肴也一直是古城里不容错过的美好体验。白族人民心灵手巧，勤劳善良，美味的白族菜肴数不胜数。到了古城，当然要对白族人家的菜肴有所了解才不枉此行。我们一般认为生皮、鱼菜、花菜（用鲜花做成的菜肴）和八大碗是白族名菜的代表之作，下面就对这几种名菜进行重点讲解。

　　生皮在白语中叫"黑格"。在白族话里，黑是生的意思，格呢就是肉了。生皮食俗就是指生吃猪肉的习俗。吃生皮在洱海地区极为盛行，唐樊绰《云南志》中有牛吃鹅肉的记载，被称为"鹅阙"，具体吃法与今天的生皮相似，由此可见生吃肉类的食俗历史之悠久。或许有朋友会问：吃生皮卫不卫生？这大可不必担心，其实白族吃生皮是非常讲究的，可以生吃的猪肉只限于几个肉质比较细嫩的部位。一般是晒不到太阳的（白族民间认为"不见天的地方"）猪前、后腿与躯干交接处。这些部位皮质较薄，肉质鲜美，是传统习俗中吃生皮的主要部位。这些部位在一头猪的身上极为有限，被白族人民看做是猪肉的精华。可是，这道菜虽然叫"生皮"，但在食用之前也是作过一些加温处理的。白族人吃的猪肉叫火烧猪，一般是在生猪宰杀之后，用稻草对整猪进行烧炙，然后用清水、刮刀处理猪毛，待刮净猪毛，洗涤干净之后，猪皮已经被基本烤熟，呈金黄色。生皮食用的方式有两种：传统吃法是打蘸水。即把猪皮、猪肉切成小条或薄块，用蒜、杨梅酱（或醋）、葱、花生、核桃碎等作料制成蘸水，点蘸而食。另一种吃法是凉拌。即把肉切成薄块直接用调料凉拌着吃，而且一般会在调料中加上酸腌菜。猪拱嘴和猪耳朵有软骨，比较脆，有嚼头，颇受欢迎。而且白族人食用生皮都是选在中午时分的午餐，这时猪肉刚宰杀出，比较新鲜，没有滋生细菌、卫生。晚饭时，一般就不再吃了。

白族生皮食俗是白族文化的重要组成部分，是至今保留完整的珍贵文化。有学者认为这是对祖先从茹毛饮血到使用火吃熟食的一种过渡。而且吃生皮对白族人来说是比较家庭化的行为，一般是在家中杀年猪或办满月客等小型家庭聚会时的中午进行。据说在白族人家吃生皮是一种隆重的礼节，吃了生皮就在某种意义上被看做是白族自己人了。食生毕竟需要有此爱好和勇气，一般情况下，白族居民是不会主动邀请陌生人，特别是外地人吃生皮的。如果在宴席上碰到有生皮，也只是告诉外来的客人，这个东西好吃，一般不会主动夹这道菜给客人。

在古城，也不是在所有餐馆里、在任何时候都可以吃到生皮。可以吃到生皮的餐馆多数是由距古城北边10公里左右的湾桥村人所开，这些人基本都是白族。在湾桥，至今还保留着火烧猪的习俗，那里的生皮在当地颇受欢迎。古城里可以吃到生皮的风味餐馆以西门桥头饭店和吉安饭店为代表。两家饭店都已经开业10多年，开始的时候主要是为了满足本地食客的需要，在中午提供生皮。现在有不少外地食客在本地人的带领下来一品新奇，下午偶尔也有生皮售卖，但一般情况下都是在中午就告罄。

除了生皮，白族人家做的鱼菜也很有特色。其中，沙锅鱼和酸辣鱼是白族最擅长的两道菜，几乎所有的白族风味餐馆都可以提供这两道菜肴。沙锅鱼最早流行的时候是用大鲤鱼的鱼头烹制而成。据说抗战时期喜欢吃这道菜的人越来越多，逐渐就成为大理最有名的菜肴之一。沙锅鱼一般用鲤鱼烹制，主要的配料有火腿、豆腐、海参、白菜、玉兰片、鸡块、冬菇等，汤色呈奶白，有浓郁的腊香味。这道菜要用沙锅慢慢烹制，既像四川重庆的火锅，又有广东一带的汤水特色，口味也不像一般的白族菜肴那样酸辣，是本地人和外地人都喜爱的一道菜肴。

酸辣鱼是白族人家，特别是洱海边渔家的家常菜肴。在当地，一个人会不会做菜，关键就是看他做的酸辣鱼能不能被大家认可。有意思的是，在大理，酸辣鱼做得好的有很多是男性。在白族人家，男主人常常会欣然下厨，为至爱亲朋烹制酸辣鱼。这道菜一般选用洱海里土产的小鲫鱼，以巴掌大小为宜。有时为了让鱼肉的味道更加鲜美，还会把鱼放进清冽冰凉的溪水里养上一两天，不喂食，让鱼儿吐尽身体里的污秽以后才进行烹制。酸辣鱼的配料基本上都是干辣椒面、蒜、姜、葱等，但酸味的调制可谓八仙过海，各显其能。因此，古城里以酸辣鱼为卖点的餐馆为数不少，而且味道各不相同，自有特点。

此外，洱海里曾经有一种特有的鱼种，被称为"鱼魁"，那就是弓鱼。《滇中琐记》中有载："弓鱼生洱湖中，色如银，狭长如鲦，无鳞少骨，味鲜美。衔尾而跃，行如张弓，因以得名。"冬春季节是弓鱼摆籽的季节，也是捕获弓鱼最好的时节，此时捕到的弓鱼都是有籽的母鱼，因此有"弓鱼有籽"之说。有趣的是，经常有人误听成"公鱼有籽"，这也成为大理饮食的一大奇事。弓鱼味道之鲜美备受历代名人赞叹。清代学者师范曾写诗称赞弓鱼的美味："内腹含琼膏，圆脊媚春酒。"因为生态遭到破坏，洱海里的弓鱼已经数十年未见踪影。近年来，据说在洱源一带有人工养殖弓鱼获得成功，也有少数餐馆提供这种养殖的弓鱼做成的菜肴。弓鱼做成清汤最能体现出肉质的细嫩和鲜美，也有不少人喜欢做成传统酸辣味的弓鱼。据《新纂云南通志·物产考》载：弓鱼"可腌食"；不过因为弓鱼本身已经绝迹，即使是人工养殖的弓鱼，腌吃的情况现也很少了。

洱海里的水产丰富，质高味美。大如条几的黄壳鱼、青鱼在古城里的餐馆里或可吃到，小如半指的洱海虾则可以天天供应。洱海虾身形细小，可以做成盐水虾、醉虾或小炒虾，也有油炸小干鱼干虾，是一年四季都可以品尝到的下酒小菜。到了冬天，大家还比较喜欢吃用鲫鱼做成的冻鱼，冻鱼是冬天的餐馆里最受欢迎的菜之一。

花菜也是春夏时节大理古城人餐桌上必不可少的美味佳肴，"云南十八怪，鲜花是好菜"说的就是大理白族以花入菜的饮食习俗。大理四季多花，以花为食是大理白族人生活中的雅事。各种各样的花菜也是古城餐馆里一道靓丽风景。玫瑰花、白杜鹃、槐花、马桑花、石榴花、南瓜花、芋头花都是当地人喜爱的美食。杜鹃花是苍山特产，但这种花有微毒，据说花色越深，毒性越大。白杜鹃经过处理之后可以入菜，被称为"白豆花"。玫瑰花经常被人们用来做成玫瑰糖，是重要的调料。马桑花可以明目；槐花与鲜鸡蛋混合以后摊成蛋饼是老人和小孩的最爱；石榴花经过处理以后可以炒成一盘菜，失去了原来艳丽的色彩，却成就了稍带涩味的佳肴。南瓜花用滚水焯一下以后再炒，颜色鲜黄，味道清甜。芋头花是当地人喜欢的菜肴，烹饪芋头花菜比较复杂：先要把花杆的外皮和花蕊剥干净，切成小段后与蒜、酱爆炒，然后把炒过的芋头花再放入蒸笼蒸，最后出笼的芋头花口感细滑，入口即化，还有特别的纹理丝和奇异的芋头香。这道菜做不好会有麻口的感觉，所以也被认为是白族妇女比拼厨艺的一道菜肴。

除了上面提到的美味佳肴，白族待客宴席也很有特色。最典型的白族宴席要数八大碗。八大碗席面上一般有四碗荤四碗素：荤菜有红肉、白肉、酥肉和千张肉。这四碗荤菜制作方法各不相同，充分利用了各个部分的猪肉。其中红肉的做法类似红烧肉，但要用红糟米把肉块染红，取红红火火的意思；白肉一般用猪头肉和猪蹄，颜色较白，取清白之意；酥肉是把比较瘦的肉块用淀粉裹扎后再与蔬菜一起煮成连汤菜，味道清淡，很有嚼头；千张肉类似梅菜扣肉，用干腌菜垫底，把五花肉厚片先煎后蒸，味道酸香，很受欢迎。四碗素菜一般是白豆汤、干菜汤、粉丝和五花菜。白豆汤用白芸豆烹制；干菜汤用干木耳或干香菇、干黄花菜等干菜泡发之后进行烹制；以上两道汤菜加上粉丝都用肉汤烹制，味道独特爽口。五花菜一般是指胡萝卜丝、白合、青菜杆、虾仁和油炸豆腐丝五样菜品的组合，这道菜色彩鲜艳，搭配合理，像五朵花一样，故名五花菜。八大碗整席一般是白族人家红白喜事和杀猪过年请客的时候才有，在古城的餐馆里不多见；不过在很多风味餐馆里可以吃到零散的八大碗菜肴。酥肉、千张肉、白芸豆汤在这些餐馆里都可以吃到，具体做法会因为做菜人的不同而有些差异。

【链接】

● 腌菜和泡菜：古城里的居民善于腌制和泡制各种蔬菜，冬天的古城里几乎家家都会晒大棵的青菜，准备做腌菜。腌菜味道酸辣，在白族人的餐桌上不可或缺。古城居民日常生活几乎离不开腌菜，小锅饵丝、烧饵块、千张肉、酸辣鱼等很多菜肴都要用腌菜调味，腌菜炒肉被当地人看做是最具本地特色的菜肴之一，有很多长期出门在外的大理人回到家的第一件事就是想吃腌菜炒肉。商店里也有真空包装或瓶装的腌菜出售，以大理南边的巍山县的殷记腌菜最受欢迎。大理泡菜口感酸脆，一般以萝卜、莲花白、莴笋为主。很多风味餐馆接待客人时茶、瓜子和泡菜都是少不了的迎客小吃和开胃菜，而且都是免费的。有些餐馆干脆在柜台里放上玻璃做的泡菜坛子，可以让客人直接看到坛子里泡菜慢慢泡熟，直到可以食用。

● 时令蔬菜：能经常吃到时令的各种野生蔬菜是古城居民的福气。大理特有的高河菜生长在4000多米高的苍山之巅，是野菜中的精品，因为产量不多，餐馆中偶有供应，要客人特别要求才提供。这种菜多数以腌制为主，味道有些辛辣，像芥末一样直冲鼻脑，有些顾客并不能适应这种奇异的辛辣味。麦兰菜、竹叶菜和菌子都是时令的佳肴。麦兰菜经常用作大菜的垫底菜，竹叶菜来自怒江和藏区，口感鲜嫩，味道清新。还有洱海里的海菜，口感爽滑，经常和芋头一起配菜，炒、煮皆可。云南人称蘑菇为菌子。野生菌子要在夏天雷雨季节到来时才比较多，古城的餐馆里提供时令的见手青、松茸、鸡枞和青头菌。见手青种类较多，有黄见手、红见手和白见手，最常见的是黄见手。这种菌子手一碰就会变成青绿色，因此叫见手青。菌子的烹饪方法多数是加辣椒、腊肉、蒜，大火爆炒，且炒制过程中不能盖锅盖。除了香菇、草菇等少数几种菌子可以人工种植，数量较多且可以不分季节，其他多数菌子都是野生，时令性很强。古城居民都知道松茸、鸡枞、青头菌这几种菌子比较安全，可以做成汤；鸡枞和松茸是少有的可以凉拌着吃的菌子。

庭院餐饮

　　大理古城由一个个的庭院构成，庭院是古城的灵魂。它不仅是家，还是一个欣赏风花雪月的美景、吟诗作对、与三两好友亲朋共叙、享用清茶美酒和爽口美食的世外桃源。古城的人都是从各种各样的庭院中走出来的，从外面来的尊贵客人，也要引到庭院里去。在古城居民的日常生活中，庭院既是封闭的又是开放的：关起门来，一家人欢声笑语，共进晚餐，享受天伦之乐。敞开大门，庭院的美景又吸引着四海宾朋进来欢聚，或畅谈风月，吟诗作对；或大口喝酒大块吃肉。在庭院和美食的烘托下，欢聚的气氛经常感染在场的每个人，让大家情不自禁地放开心灵，快乐无比。朋友们，不妨收起您匆忙的脚步，到幽雅的庭院里坐下来品味一下大理人家的生活和美食吧。

　　庭院餐饮是古城美食里最精致的一个部分，在庭院里，美食已经和庭院的美景、用餐人美好的心情如此完美地结合到了一起。在这里，古城人家的悠闲生活、合家欢乐的温馨热闹让困在钢筋水泥丛林的人们找回了久违的记忆。进入庭院，仿佛就完成了从客人到主人的转换，恍惚中常常反客为主，直把他乡做了故乡。美食、庭院，庭院、美食在这里反复交错，很难区分出到底是美食吸引了客人还是庭院让人流连。大理四季如春，四个季节都可以在庭院中小酌。春天的庭院里满是鲜红的茶花；夏天馥郁芬芳的缅桂花让人们的思绪悠然回到很久以前；秋天自然可以欣赏朗月；冬天则会围坐在温暖的火盆旁，听听天空中呼啸的大风：这些风很是善解人意，只在庭院的上空掠过，从来不会淘气地跑到庭院中央来扫了大家的兴致。这样的氛围和意境相信会让美食增加格外不同的、令人难以忘怀的意味。

庭院是古城人生活的一部分，庭院餐饮是嵌在古城里的。再好的菜肴、再甘醇的美酒都能搬出去，庭院是搬不走的，庭院餐饮也就此有了特殊的面貌和意义。因此，就连三道茶、梅子酒这样的饮品也只有到了庭院里才能品出浓浓的大理风情。

古城庭院里的美食是需要时间慢慢品鉴的。游船上热闹纷繁的三道茶到了这里变得安静和从容。苦茶、甜茶、回味茶在这些庭院里回归了生活的本意。喜欢三道茶表演的游客可以到城楼上去欣赏，想品味三道茶哲理的则应该到庭院里慢慢体味。古城里的庭院餐馆多可以提供白族人家经常喝的烤茶，也就是三道茶中的苦茶。这道茶是传统的古城人家几乎每天都要喝的茶，平常在家，早上起床就要拿个小陶罐装上茶叶，放到炭火上一边烤一边抖，让茶叶烤得比较均匀。烤到茶香四溢时，把开水倒进茶罐里，顿时罐中一阵乱响，仿佛雷动。因此这道茶又被称为百抖茶、雷响茶。这样的苦茶可以反复冲泡，味道焦香中带点苦涩，回味甘甜。常有古城的老人喜欢烤茶，可以饮一天，到了下午就不再增泡新茶，反复冲泡老茶，直到味道越来越淡。三道茶中的第二道甜茶又叫乳扇茶，一般是白族人家过年和有喜事的时候冲泡，茶内放有蜂蜜、乳扇和核桃，味道甜美。古城居民也有不少人喜欢把这道茶当成早餐茶，是过去古城居民的特色早餐之一。三道茶中最后一道回味茶，是白族人家在夏天偶受风寒或者闲时待客饮用，饮用的时间比较少，但历史很悠久：唐樊绰《蛮书》中曾记载以"椒姜桂烹之"。回味茶的主料中不可缺少的就是花椒、生姜和桂皮，回味悠长，有一定的驱寒功效。古城庭院餐馆里提供的茶品以烤茶为主，三道茶的另外两道茶偶可品尝。这种情况和白族人家的日常生活是吻合的，而且一苦二甜三回味的人生当然不是短时间就可以体味完整的，而苦多、甜少、回味难得是否比表演式的三道茶更加能够体现白族人家的人生哲学呢？

　　大家在庭院里品鉴的，除了茶还有酒。古城里的庭院餐馆多有土制大陶罐或透明玻璃大缸置放在柜台上，这些罐和缸就是用来泡酒的。当地人有用白酒制成泡酒的习俗，一般是用50度左右的大麦酒泡上滇橄榄、木瓜、枸杞、拐枣和梅子制成再制的国酒。其中最负盛名的就是梅子酒，古城里有名的庭院式餐馆梅子井酒家的梅子酒受欢迎的程度绝不亚于国内外的名酒。制作梅子酒很讲究，不仅白酒的质量要好，梅子也要以古城外60多公里处洱源县出产的为佳，还要根据个人口味往酒里加冰糖。有泡制好的梅子酒，酒香醇厚，口感酸甜，还可以捞起缸底的醉梅来吃。有时冰糖放得多，酒底可以拉出金黄的糖丝，十分奇特。有些人制作梅子酒还会根据泡酒的数量专门请人炒制白砂糖，加入酒中，这种酒除了一般梅子酒的口味外，还会有一种奇异的焦糖香。梅子酒的口感好，不上头，易下口，会造成酒度不高的假象，让很多不明就里的人不知不觉就喝醉了。喝梅子酒的人一旦醉了，恢复的过程比一般酒长得多。曾经有人喝醉了连睡三天才完全清醒，不知这可不可以代表饮酒人酒逢知己的心情和一种忘我的境界呢？

古城庭院餐馆因为主人不同而提供不同的饮食。玉洱路和人民路是古城里庭院餐馆比较集中的地方，比较有名的有杏花村、四方小吃、杨家花园和麒翔酒家等几家。其中历史最长的是杏花村酒家。这个酒家刚刚改革开放时就已经在古城里开张，是由一个姓文的湖南籍老先生开办的，现在在玉洱路上有两家店，分别由文老先生的两个后代经营，至今已经三代。杏花村的菜肴比较接近川味和湘味，特色菜有香酥鸡、春卷、灌肚和沙锅鱼。杏花村的菜肴味道鲜香，历经多次改造都始终保持了庭院特色，是古城内庭院餐馆的代表之一。

杨家花园历史悠久，在古城居民的心中有不可替代的地位。以前杨家花园是一个休闲庭院，本地人喜欢到那里喝茶、打牌，可以在树荫下消磨一整天的时光。后来也提供简单的餐饮服务，近年被公司收购后，改造成专营餐饮的庭院食府，引入现代管理，颇受欢迎。杨家花园的酸辣梅香黄壳鱼头曾在烹饪比赛上获奖，是这个餐馆的当家菜之一。

四方小吃是玉洱路上的又一家庭院餐馆，这里提供的是白族地道的土菜。很多其他餐馆难得一见的菜肴这里都有，比如猪肺汤、蛋煎八宝等；遗憾的是四方小吃的庭院经过改造已经越来越小只剩一个小小的天井了。庭院是古城餐馆的稀缺资源，应该加以保护。

麒翔酒家也是玉洱路上的老牌庭院餐馆，主要接待旅游团队和承办当地人的一些婚丧酒席，这里的神腿（即红烧猪膀）很有特色，在旅游者中有一些名气。

人民路的庭院餐馆主要集中在下段，著名的梅子井酒家就坐落在这里。梅子井酒家由一个三进院落组成，院内有一口古井，院子被称为梅园。酒家最著名的就是梅子酒，据说这里的梅子酒卖到了古城的最高价。梅子井对面的益恒饭店也是一家庭院餐馆，这家饭店的庭院较大，价格比较大众化，本土口味，木瓜炒鸡这道菜最有名。人民路上还有三家清真口味的小餐馆只提供一种食品：凉鸡米线。这三家小餐馆由一家发展而来，是同一家族的三姊妹，据说老店原来也是庭院，后来扩大经营就盖成楼了。

庭院里的斋菜也别有风味。大理一直有吃斋菜的传统。每到佛教节日，古城里和附近村庄里的老妈妈就会成群结队到寺庙里烧火做斋饭，她们会把自带的锅碗擦洗干净之后才做素席。过年的时候，也有人会到庙里请这些老斋奶（即吃素的老婆婆）做素席。素菜馆在古城里为数不多，在博爱路和洋人街交叉路口往北不远有家台湾人开的素菜馆名叫紫竹林。不知大家是否记得紫竹林就是观音娘娘住的地方，加上主人姓林，餐馆的名字由此而来。紫竹林是一座两层小楼，中间有庭院，环境清雅，主要提供素菜和茶道服务。餐馆经营者提倡健康饮食，在这里不能喝酒、抽烟、打麻将，但是可以慢慢品味台湾出产的铁观音和本地盛产的普洱茶。下午，餐馆主人还在庭院内教儿童诵读《三字经》、《千字文》、《论语》，传播国学，餐馆院落里小朋友们书声琅琅，是古城庭院餐馆中非常特别的一家。

到大理，在古城，不品味一下庭院饮食似乎离真正的大理总是隔了一点距离，我们大理人的热情好客在庭院里才能施展得如鱼得水，庭院里的客人也常常会忘记做客的初衷，把自己悄悄地当成了大理人。

【链接】

受到地理位置的限制，很多庭院餐馆延伸到了古城外。本地人喜欢去南门外文献路，那里集中了一批价格实惠、环境优美的庭院餐馆，在这些餐馆里只需要几十块钱就可以消磨一天，颇受当地老人欢迎。此外，苍山门外的三月街上也有一些庭院餐馆，提供永平黄焖鸡等地方特色菜肴。

古城西餐

在大理古城你除了能吃到白族特色菜、各种美味的小吃外，还能品尝到美味价廉的西餐，罗宋汤、色拉、比萨……手艺绝对一流。在业内，西餐是对欧美等国家菜肴的总称，其中最具代表性的有法国菜、美国菜、意大利菜、俄罗斯菜、德国菜、英国菜等；而广义地，一切不是中餐的饮食都可以被叫做"西餐"，从这个意义上看，大理的西餐主要包括欧陆菜、日式菜、韩式菜以及藏式西餐等几大类。大理的西餐是中西饮食文化碰撞与融合的奇妙结晶，是大理人用自己的智慧创造出的一道独特的美食风景线。古城的洋人街和人民路是酒吧、咖啡屋比较集中的地方，你随便走进一家酒吧或是咖啡屋，就可以在餐桌边悠闲地坐下来看书、写日记、发呆，静静地领略古城的风情，享受一份难得的闲适，同时还可以品尝到具有大理风格的美味西餐。说到这里，有朋友要问：在大理古城吃西餐最好到哪里去吃呢？当然是洋人街了。大理的西餐最初就是发端于此呢。

洋人街上最早的西餐厅及酒吧已有二十多年的历史了。二十多年前，本地小伙子金策高中毕业待业在家，后在亲友的鼓励下购买了8辆旧自行车，在小街开起了当时毫不起眼的"旭日自行车服务部"。没想到生意十分火爆，不到两年金策的自行车就增加到80辆。有了初期的积累后，这个既没见过更没吃过西餐的年轻人竟看到了大理古城内隐藏着的西餐消费的巨大商机，萌生了开西餐厅的想法。通过近两年来的租车，他早和老外混熟，能操一口半生不熟的英语了。于是，他就拜这些老外为师，请他们传授西餐菜式的制作方法。老外们毫无保留地下厨教他做菜，还教会他调制各式各样的鸡尾酒，不收一分学费……就这样，西餐被引入大理，大理有史以来首家私人西餐厅"吉姆和平西餐厅"诞生了。"吉姆和平西餐厅"的生意十分火爆，且引发了连锁反应：一间间咖啡屋、小酒吧、西餐厅如雨后春笋般纷纷出现在洋人街。

本土化是大理西餐最主要的特点之一，也是大理西餐能够受到中外游客普遍欢迎的关键。所谓本土化，简单地说就是在西餐制作中融入了地方性元素，如本地厨师利用本地原料按西餐做法制作西餐食品等。比如将乳扇加到比萨里不仅能吃到奶酪固有的奶香味，还可以品尝到大理特有的乳扇味。大理西餐经历了从"被动地方化"到"主动地方化"的演变过程。

大理西餐的本土化，最初是受到当时客观条件制约所不得已而为之的。大理西餐最初是为满足外国游客的需求而出现的。当时，本地人对西餐知之甚少，更不用说制作西餐了，他们是直接从外国游客那里一点一滴地学会了西餐的制作方法。无论是从市场还是从西餐制作技艺来看，大理西餐照理说应走更纯正的西餐制作线路。更纯正是指讲究正宗，即用料精良、制作严格，讲究西餐口味的原汁原味，专门满足外国游客的用餐需求。然而，在早期，大理交通不便，物质匮乏，原料的获取是这些西餐厅所遭遇到的最棘手的问题。许多制作西餐的原料在当地根本无法购买到，甚至在昆明也难买到，因此，走提供纯正西餐这条路在当时是不切实际的。为了解决原料的供给问题，聪明的大理人巧妙地利用当地产品加以替代，一个最明显的例子就是比萨的制作。由于当时奶酪这种制作比萨必需的用料在大理无法买到，厨师们就用当地的特产乳扇来代替紧缺的奶酪，解决了这一棘手的问题。于是，大理西餐从一开始出现就被注入了白族元素，这种个性化的元素奠定了大理西餐的风格，即地方化特点。而在大理西餐的发展过程中，地方化的特点日益突出，被大理人发挥得淋漓尽致。地方化不仅没有使大理的西餐走向衰落，反而使大理西餐成为大理一道美丽的风景线，成为大理饮食业中一朵奇葩。

大理西餐地方化主要表现在两个方面的改良：一是在口味上下工夫，以更适合国人的口味；二是降低成本，以更适合大众的消费水平。西餐的制作方法及西餐大多数品种都符合科学的营养原则，这使得西餐能够逐渐步入我国这一烹饪强国并为国人所接受，越来越多的国人以品尝西餐为时尚。随着慕名而来大理的国内游客的不断增加，大理西餐不再以满足外国游客为主，大理西餐的制作开始兼顾国内游客的口味和需求。在提供的菜式上，东方的菜肴也被糅进了西餐的菜谱中。在大理的许多酒吧、西餐厅、咖啡馆除了提供正宗的西餐，如西式早餐、汉堡、薯条、比萨、牛扒、意大利面外，还提供川味、滇味菜肴，白族特色菜和小吃，如砂锅鱼、乳扇等，有的西餐厅还提供素食以及当地的特色饮品，诸如木瓜汁、云南小粒咖啡、普洱茶等。在口味上，西餐进入大理后为适应国内游客及当地人的口味，融入了很多滇味元素、白族元素，比如在正宗基础上加味加盐加辣，又有情调又过瘾，专门满足国内游客的特殊爱好和需求。正是因为这些本地元素的融入，在无形中也降低了西餐的成本，比如花20~30元就能吃到7~8寸、味道不错的比萨饼；100元以下也能品尝到不错的西餐菜式，这对于一般的工薪阶层是完全可以承受的。

　　无心插柳柳成荫，正是本土化造就了大理西餐独特的个性和风格，乃至逐渐形成了其自身的西餐文化。大理西餐的个性不仅体现在其菜式的多样性和口味的本土化与大众化，还体现在其就餐环境和设施等多个方面。"喜欢热闹吃中餐，讲究情调吃西餐"，这是追求时尚人士的口头禅，品尝西餐不仅是品尝西餐本身，也是享受一种情调和氛围。西餐经营成功不仅在于提供正宗、可口的西餐，还在于能提供一种舒适、休闲、时尚或是怀旧的就餐环境。从菜式到服务到环境，最终形成独特的饮食文化，以文化吸引游客、以文化立于市场不败之地。

　　大理的酒吧和咖啡店主要集中于洋人街和人民路，这些酒吧大多有自己的特色和拿手的菜式，能够吸引特定的顾客群。比如，在阳光咖啡屋，你能喝到全凭店主或客人喜好而调制的各种各样的鸡尾咖啡，呷一口，浓郁喷香；在蓝色咖啡店，一杯滚烫的云南小粒咖啡，就着头顶的羊皮纸灯笼，很有一些超然遁世、天地在胸的感觉；在西藏咖啡店，听着郑钧的《回到拉萨》，缓缓地喝着酥油茶，省了一张到西藏的车票。

　　大理的西餐主要包括欧陆菜、日式菜、韩式菜以及藏式西餐等几大类。

欧陆菜 狭义的西餐就是指欧陆菜，是欧美各国菜肴的总称，常指以法国、意大利、美国、英国、俄罗斯为代表的菜肴。大理西餐以法国、意大利、美国菜式为主。

法式菜肴的特点是选料广泛，加工精细，重视调味，比较讲究吃半熟或生食，如牛排、羊腿以半熟鲜嫩为特点。代表菜有：鲜橙牛排、蒸鸡蛋肉卷、布列塔尼式烩土豆、鸡肝牛排等。位于大理古城博爱路的法国红酒吧提供比较正宗的法式菜和酒水。

美国菜的特点是菜式简单、清淡，口味咸中带甜。代表菜有：美式煎牛扒、蒜蓉黑椒牛排、烤鸡肉、苹果沙拉、糖酱煎饼等。古城很多酒吧都提供美式西餐，如阳光咖啡吧、唐朝吧、懒人书吧、彩惠居、一线天、老木屋、鸟吧等。

意大利人喜食面食，做法甚多，其制作面条有独到之处，传统菜式有：通心素菜汤、通心粉、比萨饼、咖喱土豆鸡、杂果布丁、香酥鸡排等。特别值得一提的是大理的比萨饼。比萨是一种由特殊的饼底、乳酪、酱汁和馅料做成的具有意大利风味的食品，但其实这种食品已经超越语言与文化的壁障，成为全球通行的名吃，受到各国消费者的喜爱。在大理，比萨饼是不能不品尝的一道西点，大理人在比萨饼的制作中已融入了自己的饮食文化，在制作方法、原料等方面充分展示了其聪明才智，使大理的比萨饼拥有自己独特的风格，成为中西文化碰撞、融合的象征。在洋人街上段的新星比萨房，比萨饼是用炭火现烤的，值得一尝。一进比萨房，就看到一个大大的砖制烤炉，食客可以目睹自己要的比萨制作的全过程，全店由一个美女全程操刀制作，看美女制作比萨的过程本身就是一种享受，出炉后刷刷几刀给你切好，即刻就可以享用，实在是赏心悦目。当然，要是你喜欢，还可以自己配置要吃的比萨。此外，樱花园的比萨味道不错，据说为老外亲传；Stella's PIZZERIA 便宜而味美，会按季节推出口感特别的比萨，7~8寸的比萨仅售20~30元。

日式菜 日本料理是世界上公认的烹调最为一丝不苟、严谨的美食，其主要美食精神就是对食材自然原味的保留，烹饪方式细腻精致。以鱼、虾、贝类等海鲜品为烹食主料，味鲜清淡、不油腻、精致营养，着重视觉、味觉与器皿的搭配。在大理的一些酒吧或是西餐厅能够吃到美味的日式菜，如位于古城博爱路的"太阳岛"、护国路的"太白楼"等。这些酒吧和餐厅除了提供寿司、日式炸豆腐、紫菜饭卷、日式鲑鱼炒饭等传统菜式之外，有的还提供日式铁板烧。铁板烧也叫即席料理，客人围坐在铁板台周围，看着铁板慢慢加热、擦油，技艺精湛的厨师当场操作，客人可边吃边欣赏厨师的表演，既是美食也是另一种感官享受。另一种值得一试的美食是日式鹅肝，其里焦外嫩，由于鹅肝比较油，所以用苹果、橙子、特制蓝莓酱做配菜解腻。这道菜集爽、滑、嫩、酥、糯、软于鹅肝一身。嗅之，浓香扑鼻；咬之，香滑的感觉把味蕾包围，让人舍不得下咽。

韩式菜 韩式菜以烧烤最受国人喜爱。大理的韩式餐厅以烧烤为主，如烤鱿鱼、烤肉等，此外还有传统菜，如韩式炸酱面、韩国泡菜汤、韩国辣白菜、韩国海带汤、韩国冷面、紫菜饭等。

藏式西餐 随着东西方文化不断撞击、渗透与交融，在雪域高原，引进的西餐受到人们的青睐，并经过本地化不断得以丰富和完善，形成其独特的风格。在菜式上，引进被称为高原"四宝"的藏民族的茶、糌粑、酥油和牛羊肉；在餐厅装修和服务上渗透着浓郁的藏民族情调和风格，置身其中让人能体味到浓浓的雪域风情。在大理古城，位于洋人街的西藏咖啡和哑咕嘟都提供藏式西餐。

●闲在古城 >>>>>>>>>>>>>

朋友们，当您离开喧嚣的城市，你就想放松心情吧！大理古城是一个值得你停下来，细细用心去体味的地方。大家都知道，在北京，时间就是机遇；在上海，时间就是时尚；在广州，时间就是金钱；而在我们大理，时间就是生活，就是放松，就是休闲体验！在大理，你不但可以欣赏到美丽的风光，还可以体验到与众不同的休闲乐趣！漫步古城，最大的感受是悠闲、散淡。在古城街道上，人们的表情是悠闲的，步伐是休闲的，没有城市的拥挤和狂躁，你能真正体验到什么是休闲。

大理不仅有着慢节奏的生活，还有众多的休闲场所。说到休闲和休闲场所，就不得不提大理众多的酒吧、茶吧和咖啡吧了。你可以到风格独特的酒吧里，点杯酒，坐下，让自己的心情静下来，要不找一个茶吧，品品茶，那份安详可以让你忘了时间的存在，也可以到古城中任意一条小巷的民居客栈住下，白族庭院有着让你心动的灵秀景致，拴住你的心，还有啊，就是到当地居民娱乐休闲的地方去，学着打打歌，看看《五朵金花》的电影，体验体验那份独特的感觉，疲倦的身心也得到放松。

古城泡吧

酒 吧 在大理古城，洋人街、人民路、红龙井、博爱路等有不少的酒吧。其中洋人街的酒吧最集中，也最有名气。每当夜幕降临，这些酒吧就苏醒过来，来自四面八方的游客汇集在这里，无拘无束，自由自在，你可以独处其中，慢慢地喝着酒，听着自己喜爱的音乐，让思绪自由地飞舞。也许，只有在这样的氛围中，才能使自己真的体验到一种完全的自由！让我们走进几家有特色的酒吧看看。

从洋人街牌坊往西走一点，你就会看见一家名叫"唐朝"的酒吧，复古的建筑风格非常引人注目，这里可是娱乐圈艺人们爱光顾的地方。酒吧门外有原木的桌凳一字排开，每到下午，总有喜欢泡吧的人在这里悠闲地享受温柔的阳光，酒吧的设计十分有特色，造型独特的木凳厚重而粗犷，自然中透出高雅，古典而不乏时尚的味道。

老板大崔是东北人，在古城十多年，少了东北虎的风风火火，多了企鹅般的闲庭信步，他秘制的"梦回唐朝"鸡尾酒让游客印象深刻。在这里，有许多白酒和葡萄酒不光口感好，而且还很实惠。酒吧常常播放一些欧美乡村音乐，这些时尚的音乐，让人有随着音乐起舞的冲动。如果您喜欢独处，可以点一杯美酒，在僻静的临窗一角看DVD，或者随手翻阅一下这里的藏书，在这轻松的氛围中，不知不觉沉醉在唐朝的夜晚，时光倒流，梦里再次回到繁华的唐朝……

接下来向大家介绍另外一家洋味十足的酒吧——"阳光和

酒（SUN AND WINE）"，它坐落在洋人街中心广场，这里的名酒和古巴雪茄，可以说是洋人街上的另类。每当夜幕降临，霓虹灯光闪烁，映出酒吧里泡吧人的模糊身影，透过玻璃窗，隐约可以看到松枝编制的花环，在纯净的星光下晶莹剔透，就像童话里的插图。一楼大厅里面很宽敞，周围的墙壁和窗上装饰着圣诞老人和挂满彩灯的圣诞树，仿佛今夜就是圣诞平安夜，圣诞狂欢的记忆由此打开……走上二楼，你可以看到高高的尖顶从两边倾斜下来，形成倒"V"状，里面的布置与一楼相似，但是感觉不到拥挤，柔和的金黄色灯光洒满屋子，有阳光的温暖又有酒的味道，这，大概就是酒吧名字的由来吧。这里地道的西洋红酒和异国情调，相信会让您拥有一份好的心情。

特别值得一提的是在"阳光和酒"酒吧与樱花屋之间的小广场上，有一个古朴的小戏台，每隔一两天的晚上，就会有当地的民族歌舞表演，你可以坐在酒吧里，慢慢品味酒香和民族歌舞。不过，在没有正式表演的晚上，樱花屋或者阳光和酒酒吧的服务员都会脚痒痒，在民族音乐的伴奏下，四五个人围在戏台下的空地上，随着音乐的伴奏跳起舞来，民族音乐有着一种独特的魅力，许多来这里泡吧的游客，不分年龄、国籍，大家手拉着手，在音乐声中释放着自己的激情。相信你一定会受影响，也会忍不住脚痒痒起来，不会跳没关系，走出来加入到跳舞的人群中间，即使笨手笨脚的，跳着笑着，也会让你忘掉烦恼，心旷神怡而陶醉其中的！

樱花园酒吧在博爱路与洋人街的交叉口，已开了二十多

闲在古城

年，算是古城很老的酒吧了，在大理旅游还不是那么火的年代，樱花园酒吧已经蜚声海外，在国外许多旅游指南杂志都有介绍，所以名气很大。樱花园当年是个传统的白族小庭院，因为院中几棵茂盛的樱花树而得名，现在大家仍然可以看见这几棵枝繁叶茂的樱花树，酒吧里宽敞的空间，高雅的格调，还有西餐洋酒，使这里成为古城最有名气的西餐酒吧，酒吧里的装饰风格明快，简洁大方，原木的餐桌，藤编靠椅看上去实在是舒服极了！桌子间的距离也很宽松，保证了每桌客人都有属于自己的私密空间，临街的酒吧厅，有长长的原木桌椅，非常适合聚会。二楼是餐厅，临街一边的阳台被设计成靠椅的造型，坐在那里，街边的樱花树枝叶触手可及。三楼是一个屋顶花园，栽种着许多花卉盆栽，可以自由呼吸到混有花香的空气，欣赏到苍山暮色和洱海明月。这里有纯正的炉烤比萨、牛排，当然还有各类洋酒让您品尝，如果在您享受完这些后还很清醒的话，不妨把自己的愉快体验通过网络与您的朋友一同分享，在朦胧中，把自己醉倒在这里，何尝不是一种美的享受？不过这里是穆斯林餐厅，一定要注意民族禁忌。

在洋人街上段一个不显眼的地方，有一家独具特色的酒吧，还兼开书吧，名字叫"懒人书吧"，表面看上去仅仅是个看书的地方，实际上在这里，您不仅可以看书，还可以吃到西餐和喝到洋酒。估计是在这里太舒服了，所以就取名叫"懒人书吧"，又叫"懒人回家"。书吧的每个细节都会给人美的享受，屋檐下明亮的落地窗外，由两块厚厚的石板支起来的方形石桌，两只竹椅对桌而立，阳光明媚的早晨，您可以在这里一边品尝美味的早餐，一边享受温暖的阳光。里面的房间被分隔成不同区域，有玩桌式足球的游戏区，看DVD的迷你电影区，不受干扰的免费上网区，可以看书发呆的沙发区，整个房间内容丰富，但丝毫没有压抑拥挤的感觉，几排书架上面摆满了各类书籍、光盘和玩具模型。书吧里还随处可见各种当代"文物"，有毛主席像章、《毛主席语录》、"文革"时的"革命"海报、大字报，还有约翰·例侬的巨幅照片，一下子有种回到过去的错觉。这里的白兰地加咖啡是很受欢迎的一款饮品，建议您试试。想看什么书或者听什么碟片，这里的服务生都是那句话："都在这里，你随便看吧"，你可以花很少的钱就玩一整天，免费翻阅图书，观看先锋的影视大片，聆听新锐的音乐，没有人管你，就像在自己的家一样！

　　位于人民路上段的鸟吧，是大理文化圈的小沙龙，只有晚上才开门，喜欢听《加州旅馆》的人一定也会喜欢这里。鸟吧门前有高高的台阶和哗哗流淌的苍山溪水，一棵大大的空心树斜卧在路边，只有小小的黄色招牌和一扇写有"BIRD BAR"的铁门作为标志，如果不注意很容易被人当成废弃的民居。里面的一切很旧，但是没有破败的感觉，主人从各地搜集来的古董一般的器具，再加上黑漆的木制桌椅，灰砖地面，漆黑的木桩，很有复古的味道，台球桌和桌上足球游戏机前总是有人在酣战。吧台前的火盆和壁炉是两个聚会的中心，昏黄的灯光下谁也看不清谁，这里常常会举办各种聚会，有时会请来知名DJ来打碟，如果您来这里正好赶上即兴活动，您还会有意外的收获，不过你要想尽快融入这里，得学会不要把自己当外人。

　　沿着南门一直走大概300米，在五华楼前面，有一条溪水潺潺从苍山而来，奔流到古城，这条街便是红龙井，东西长不到200米，但是却荟萃了众多的酒吧，现在这里已经成为大理新崛起的休闲好去处，比较独特的仿古式建筑沿着红龙井的小溪而建，溪边杨柳依依，在溪边支起了遮阳避雨的各色伞，白天你逛大理累了，到这里，你可以随便找一家坐下来，啤酒也好，饮料也行，休息休息，静静地听着潺潺的流水声也是一种享受。不过，这里的街道上下段形成了鲜明的风格，上段慵懒悠闲，下段开朗热闹，并且白天晚上也形成对比，白天的热闹是淡淡的，悠闲的，但是夜幕降临后，红龙井酒吧茶吧一改白天的悠闲气氛，成了开怀畅饮的地方，开胃的小菜随叫随到，还可以尽情开现场演唱会，各种乐器交杂在一起，喜欢热闹的中外游客云集到这里，仿佛回到一千多年前南诏大理国的酒楼茶肆！朋友们请跟我来，我们从街的上段往下走，一起细细品味一番红龙井的独特魅力：

　　首先大家现在走着的这段柳树、柏树成排，流水潺潺的是红龙井上段，竹林掩映着青石板街道，大家是不是感到了安闲？累了可以在这些竹椅上随意坐一坐，放心吧，主人是很好客的，大家看到的这个背靠大理古城墙的白族三坊一照壁小楼是"驼峰酒吧"，说是酒吧，其实它也是个客栈，主要以文化交流活动为主，它是云南驼峰旅游有限公司的分公司，总店在昆明金马碧鸡坊，是个青年文化旅游研究、传播和服务机构，也是云南最大的国际背包客集散地及国际青年文化交流中心，为外国游客到大理旅游建立一个沟通平台，这里的音乐酒吧，在周末和节假日，是中外音乐爱好者展示自己的舞台，提供让你即兴演奏、开主题派对的场所，这里还为绘画、摄影爱好者提供工作室，由于来这里的外国游客比较多，主人利用这个优势，开辟了英语交流工作室，为中外的游客提供了增进了解的机会。并且酒吧还和地方院校建立了良好关系，为学生们提供一个学习外语口语、交流的课堂。在里面有一个公共活动厅，有大屏幕电视，你可以自己带上喜欢的碟来看，或者呼朋唤友一起来看，不收场地费，可以免费上网，如果喜欢这里，也可以住下来，这里标间100~120元／人，多人房30元／人，价格便宜，想学英语，和外国人交朋友，这里是一个非常理想的去处。

朋友们请看对面这个小小酒吧——"在大理"，这个酒吧名字独特吧？它可是小有名气哟！这里不但可以品味到美酒，还可以尝到泰国菜，是古城独一无二的一家兼卖泰国菜的特色酒吧，他们的泰国菜调料大多从泰国运来，这是个档次比较高的地方，好奇的朋友们不妨品尝一下异国他乡的风味特色。不过，"在大理"酒吧的特色不只如此，而是它在网上的名气！只要你输入"在大理"一词，就可以找到它，它是先有论坛再有酒吧，"在大理"论坛朋友多，天南地北的朋友出差、旅游到大理，大家聚一聚，搞搞活动什么的，花钱去包场地、包餐饮，又贵又不舒心，后来几个朋友干脆合伙在大理办起了"在大理"酒吧，朋友们聚集的地方就有了，老朋友有了落脚处，新朋友也慕名而来，朋友就多了。大家看，他们的牌匾很独特吧，上面有一商标，这是用白族的工艺品"甲马"刻板做的，是很多年流传下来的手工印刷用的刻板。看到牌匾上的小字了吧？"在大理，与自由做伴，在大理，且听风吟。"这是店主以及朋友们对大理古城的感悟。

红龙井的下段街道，热闹了许多，酒吧、茶吧、古玩店一家连着一家，"心田会馆"、"梦龙水吧"、"大手酒吧"、"写韵斋"、"古槐缘"……倚着溪流边的一排排木桌、木椅上坐满了悠哉悠哉的游客，喝着酒聊天的，静静看书的，坐在那里发呆的，甚至躺在躺椅上酣然入睡的，大家是不是觉得他们不像游客，倒像在自己的家一样放松？大家可以在这里享受悠闲时光。跟我来，这里向喜欢浪漫、喜欢音乐的朋友推荐一个好去处——"99吧"。

"99吧"在红龙井广场旁边，酒吧主人是几个年轻的音乐人，原来他们在丽江开酒吧，去年来大理古城逛街时，爱上了大理，觉得这里舒服内敛，不是那样的张扬，喜欢上了这里的生活状态，于是来到红龙井办起了99吧，"9"是满的意思，他们说希望做这个店能有种成就感。他们是一个乐队，小陆是鼓手，小林是主唱，键盘手阿海，还有女歌手弦子，一般他们不玩摇滚，喜欢抒情的歌曲，特别喜欢英文歌，还有许多老歌曲。酒吧的音乐口号是"放松，放松，再放松"，你进到里面就会忍不住坐下来，找到自己喜欢听的歌曲，悠闲地享受着音乐，除了酒和音乐以外，也可以要上中、西餐，慢慢享用。如果你喜欢和他们一块儿玩音乐，可以留下来，酒吧楼上有客房，到这里，他们一定有法子用音乐来震撼你。几个年轻音乐人特别好客，每当有路过的人，就像招呼多年的朋友一样：

"晚上来我们这里听听音乐吧！"

咖啡吧 大理古城内的咖啡吧和酒吧区别不大，也提供各种酒水和西餐，只是酒水的品种略少一些罢了，在人民路、博爱路以及复兴路都有，但是与酒吧的分布不同，在人民路中上段比较集中，这些咖啡吧的咖啡大都得到老外的真传，所以十分地道，并且各家都有自己的"杀手锏"，在提供的菜式上也是推陈出新，除了传统的中餐和当地特色菜之外，各家都推出了特色菜式，如韩国料理，日式料理，印度菜等。

在人民路上段，有一家很显眼的咖啡吧叫凤凰吧，外墙的装修风格与其他的咖啡吧有着很大的区别，这里的门窗和墙壁都是绿色的，常被游客误认为是古城的邮局。这里有美味的咖啡和可以晒太阳的木长椅，在这里可以静静地观察来来往往的游人，也可以我行我素，赖在门口的长椅上晒太阳，一直晒到日落苍山。走进凤凰咖啡吧，天花板配色对比强烈，墙上有来自印度和尼泊尔的海报漫画，带着本色的木桌和精致的藤编椅子，有一种质朴的东南亚风格。凤凰吧的主人小柳是个大男孩，严谨而认真，亲自调理的每杯饮品，如艺术家对待自己的作品一样，仿佛每杯饮品面世后也有了艺术的味道。服务生很开朗直率，对待游客如同是早已相识的朋友，让你很自然地愿意和他交谈，这里的拿铁咖啡、卡布奇洛味道都很正宗。

玛丽咖啡吧可算是古城的老咖啡馆了，这里的咖啡及自烤蛋糕和小饼干，很有洋人味，咖啡馆现在是两层的楼房，宽敞明亮。一楼是苏格兰风格，二楼则是另一番天地，典型中式风格，雕花隔扇窗将大厅隔出一个个独立的空间，屋顶上有一朵朵倒垂的花纸伞，为古朴典雅的屋内平添了几分艳丽。这里的咖啡香浓醇厚，加上现场烤制的三道烤茶，再配上西式的饼干，中西结合，味道好极了！喜欢安静地享受属于自己的私密空间的朋友，不妨来这里，听着轻柔的音乐，就着纯美的咖啡，把自己与纷繁的世界隔离开来，慢慢享受这里的美好时光吧。

位于人民路中段的SEEDS咖啡吧也很出名，"SEEDS"的意思是"种子"，寄托着主人创业之初的希望，它的主人是一位地地道道的大理女孩，也是这里的厨师兼服务员，性格稍显内向的她，说得一口流利的英语，还懂得法语，玻璃墙上的广告都是些英文，还好菜单上有中文，不然不懂得外语的朋友在这里就得干瞪眼了。店里的空间并不大，只能容下三张桌子，还有两张舒适的沙发，沙发旁的茶几上并排地放着《美国国家地理》、《中国国家地理》等杂志，还有古城地图及周边的旅游线路图。这里的咖啡很地道，而且品种丰富，有云南的小粒咖啡、西藏咖啡、越南咖啡等，除此之外，特别推荐的是主人精心制作的面包和点心，这些果仁饼干、花果茶、三明治也是值得一尝的！在这样的舒适的环境里，品尝着地道的咖啡和点心，这种感觉恐怕只有你来过之后才能体会！

人民路上的咖啡吧还有太阳岛咖啡、西藏咖啡和云南咖啡等，在这些咖啡吧里常常可以看到这样一些人，他们要么对艺术狂热追求，不远万里来此寻找艺术的灵感源泉，要么是纯粹的旅游痴迷者，一年四季四处飘荡，随遇而安，自得其乐。

　　阳光咖啡是洋人街上老牌的咖啡馆，位于洋人街16号。换了好几个主人，但是这里的风格却没有变，裸露的吧台，古老的木桩，没有过多的装饰，反而使这里有了返璞归真的味道，它是一个让人想念温暖，感受阳光的好地方！透过咖啡吧的落地窗，可以看到花草繁茂的庭院，木瓜树上挂着的小草编，不知是鸟笼还是灯笼，让人产生无限遐想，你可以靠在窗前的沙发上，阳光通过玻璃铺就的天窗洒下来，可以看到枝叶屋顶随风摇曳，仿佛置身丛林的感觉，心情马上就好了起来。这里还有地道的印度素食，屋里面有很多游客写下的留言，如果你要把自己的故事留在这里，和到这里的朋友们分享，那么不妨晒晒你的心情吧！

　　水星咖啡吧位于博爱路。洋人街上看惯了造型独特张扬的酒吧，你会发现水星咖啡吧是如此的低调，就像一位害羞的小姑娘。水星的招牌很有趣——古朴典雅的雕花屋檐前，两条粗粗的铁链垂吊着一块不规则几何形的木板，木板上刻着一个正在旋转的白色星球，以遥远而神秘的蓝色星球水星起名，象征这里远离尘世喧嚣，安静而舒适，这倒是很恰当的名字。一楼原来是个天井，现在封了顶，开了两扇玻璃天窗。白天，大理明媚的阳光从天窗洒进来，照得屋子里明晃晃的，几扇隔窗，一个隔架，把酒吧分成了三个空间，最里边的那间，木板墙上嵌着一个大大的方鱼缸，就像是墙上开出的一扇窗，鱼缸里的鱼儿们在彩色灯光下悠然自得地游着，在这里你会悠闲安静起来。厨师很棒，非常了解顾客的口味，精心调制的咖啡色香味俱全，看上去就很舒服，尝一口更是回味无穷！如果你想找个安静的住处，水星二楼是个小小客栈，住在临街的房间里，推开松木格子窗，近处可以看洋人街街景，远处可眺望苍翠的苍山和如画的洱海渔村。

同样位于古城博爱路的叹世界咖啡吧，有着丰富的色彩，墙上的羊皮画四周被喷上了亮蓝和亮绿色，一楼有绘满整板墙面的壁画。二楼是卡拉OK间，白色的墙壁上点缀的蓝色，特别精致。酒吧的主人小姚是位来自大理巍山的小伙子，既是厨师又是服务员，真正把客人当做上帝，他冲泡的拿铁咖啡和她女友做的广式甜点，中西餐都很有感觉，来这里不能不尝！在您品尝咖啡甜点的时候，热心的小姚会为您提供各种好玩的旅游资讯，让您在大理好吃好喝的同时还能玩得尽兴。

茶 吧 茶马古道的足迹在大理这座历史文化积淀深厚的古城里，演绎出了最独特的篇章，而白族三道茶，正是这独特篇章里充满文化内涵的章节。不过，在旅游的过程中，大家品尝过大理的三道茶了，那么在古城，我再为大家介绍几个独特的茶吧。

首先给大家介绍太白楼茶吧，它的招牌是洋人街最为古老的，"太白"二字往往让人联想到李白，以为这里是一家酒馆，早在明朝嘉靖年间，太白楼原本就是大理当地的一家小酒馆，只不过到了20世纪90年代挂起了茶旗，至今茶吧里还保留着当年的"三道茶"中堂。这里虽小，但处处透着浓浓的古意，一楼墙上贴满了老照片，记录了开业以来的点点滴滴，每张照片都有一段故事，主人段老先生，他能给你讲每张照片里的感人故事，书架上摆满了游客留下来的各种书籍，外文书不少，最珍贵的是十几本留言、诗记、绘画；二楼上的雅座布置精巧素净，有些日式风格。在这里喝三道茶，欣赏白族小妹敬茶都是一种享受！

漫步大理古城，感觉腿脚有些乏力的时候，想找个既能休息又能吃点清淡食物的地方，建议您到紫竹林素食苑坐坐。它的位置在博爱路大理一中分院对面，台湾书法家杜仲诰先生题写的"紫竹林"匾额高悬于正门之上，左右红灯高挂，整个院子仿"三坊一照壁"建盖，不过照壁换成了古香古色的亭廊。院内外遍栽紫竹和花草，两层的阁楼，一楼有图书馆和茶室，还有许多关于佛教、茶禅的书籍。二楼是餐厅和茶室，室内悬挂的都是来自台湾的名家字画。您可以在庭院茶室坐下，由高级茶艺师为您演绎茶艺，在轻柔的佛教音乐声中，品着醇香的普洱茶，心里没有了嘈杂的喧闹，安安静静，什么都不想。也可以随手拿一本店里的关于儒学或者禅宗佛学的书，随意翻着，或者望着天空发呆，瞅着白云飘过洱海，越过苍山，没有人打扰您。如果您对佛教和茶道感兴趣的话，还可以与主人谈茶论道，和朋友天南海北地聊。当肚子饿了，也可以品尝这里正宗养生的素菜。

这里还是古城儒学教育的地方，每天下午四点半，有小孩子过来学习中国传统文化，从蒙学的《弟子规》、《三字经》、《百家姓》、《千字文》到四书五经，也就是当代的私塾教育。坐在走廊上听孩子们"之乎者也"地读古文，也是一种独特享受！

在古城还有一处喝茶的好地方，您一定感兴趣，那就是位于银苍路东段的"茶禅道"。在这一条不起眼的小巷子尽头，门上悬挂着一块古色古香的招牌——"茶禅道"，很吸引人。据说这茶院有160多年历史了，高大古老的木门隔绝了尘世的浮华，坐西朝东的庭院，是大理典型的"三坊一照壁"风格，院子里栽种着许多兰草、绿竹和茶花，幽雅、宁静，空气里弥漫着茶的香气。四周是有些老旧的房间，雕梁画栋的门窗刻满了岁月的痕迹。一楼正前方一间屋子是茶库，门上悬挂着"禅茶一味"的匾额，这里收藏了许多好茶和名茶，一般是不打开的，您只能透过门缝去满足一下好奇心了。二楼是几间幽静的茶室，顺着楼梯而上，有些陈旧的木板咯吱咯吱作响，木板陈旧的墙壁，古朴的红木座椅和桌子，不免让人怀念起尘封的往事。随意找一处靠窗的位置坐下，泡上一壶正宗的普洱，在茶艺师优雅的茶道枝艺中，品味人生的闲适自在，在茶香缥缈间，您会忘了院外纷繁的世界，躁动的身心归于平静和淡定。这正是"茶禅道"的最独特的韵味。

休闲养身

棋牌娱乐 除了泡吧以外，大理古城还有很多有趣的休闲方式，棋牌娱乐就是其中一种。"琴棋书画"是古代文人骚客和名门闺秀必须要掌握的修身技能。现代人常用的"博弈"一词，原本指的也是下棋的意思。"弈"单指围棋，而"博"指象棋。班固《弈诣》里有"博行于世而弈独绝"的记载。可见"棋"自古以来就是中国人用来修身养性的一种方式。大理各族深受中原文化的影响，自古对"棋"也是情有独钟，并形成了璀璨的棋牌文化。大理人爱棋，喜欢通过棋来愉悦身心。清碧溪上面积将近500平方米的露天棋盘就说明了这一点。大理古城的城区道路至今保持着明清以来的棋盘式方格网结构。而且，从2003年开始，苍山上每隔几年都会举行一次大峡谷围棋文化旅游节，邀请中日韩围棋高手在苍山上一决高低。其中不乏中国围棋一代宗师吴清源，他的弟子林海峰九段、韩国天王级棋手曹薰铉九段、李昌镐等人。在棋局旁的小路尽头，还有一片由这些围棋高手种的围棋名人林。当然，大理古城居民在日常生活中，不可能都到清碧溪去下棋，他们有一些更近的去处。他们对棋牌的选择也不仅仅是围棋、象棋，而是越来越多元化，比如说麻将和扑克就是深受现代大理古城居民喜爱的棋牌游戏。大理是一个休闲的城市，大理是一个慵懒的城市，古城人的生活节奏向来比较缓慢。闲时，古城人往往相互邀约打麻将，而忙碌之余，更要抽空放松一下。由于很多居民家里都设有专门的棋牌室或麻将桌，因此，他们可以在自己家里打，也可以到朋友家打。如果觉得私人家里不太方便，他们干脆到外面的休闲场所，要一张桌子，一副麻将，一杯清茶，一边打牌，一边说笑，一个早上，一个下午，甚至一个整天，工作的辛劳，生活的疲累，都在棋牌声中烟消云散。当然，在休闲场所的选择上，古城居民最喜欢的地方就是玉洱路上的玉洱园和复兴路上的大理文化园。

玉洱园位于大理古城玉洱路和银苍路之间，是古城居民主要的休闲场所之一。玉洱园棋牌娱乐室最大的特色不在于它提供的服务，而在于它周围的环境。玉洱园被誉为"大理第一园"，是大理文化与大理美景的精美结合。园内绿树成荫，花木成片，花圃、奇石、假山、小桥、流水相映成趣。不仅是观光游览的好地方，而且，玉洱园的休闲娱乐设施也是古城所有休闲场所中最全的。除了棋牌娱乐之外，玉洱园也是古城居民遛鸟的主要场所。玉洱园还是学习的好场所，在绿树之间，不时可以见到一个个可爱的身影，坐在石桌子旁看书或是朗读，琅琅的书声，似乎在告诉游人，这不仅是一个悠闲、慵懒的城市，也是一个上进的城市。在玉洱园的西北边有一个门球场，常有老年人在此切磋球艺，轻轻地一击，门球便缓缓地滚动，老者脚步慢移，仿佛时间也因此而变得缓慢起来。老人们沉浸其间，看的人也醉了。门球场旁边，有一条南北向的休闲长廊，枝繁叶茂的三角梅爬满整个长廊，你可以坐在长廊上歇脚、聊天，或者看书休闲，甚至可以半躺着小憩一会。顺着长廊往大门方向走，还有一个小型的儿童游乐园，提供一些简单的儿童游乐设施，当大人们在打牌下棋的时候，孩子们也有自己玩乐的地方。当然，玉洱园所能提供的休闲娱乐方式远不只这些，你可以去散步，可以去赏花，也可以坐在石凳上，观看打牌下棋的人们，这个时候，你可能也已经成为摄影爱好者镜头里一幅美妙的风景。

古城居民在进行棋牌游戏时还喜欢到一个地方，那就是大理文化园。大理文化园原来是文庙，新中国成立后改为大理文化馆，现更名为大理文化园，也是古城居民一个重要的休闲场所。大理文化园位于复兴路中段，由于距离著名的洋人街仅十几米的距离，因此也是很多游客歇脚的好去处。如果说玉洱园是以优美的环境和齐全的休闲娱乐设施来吸引人，而文化园则是以浓厚的文化氛围来打动休闲者。文化园也是大理市图书馆所在地，在这里，休闲的人们可以在露天的石桌子上打牌、下棋、搓麻将。打完牌，休闲者可以到图书馆里面看看书、读读报，获取一些新的知识。文化园内还遗留有清代建筑大成门，上面挂有康熙皇帝御赐的"文献名邦"匾额。娱乐之余，瞻仰一下大成门，用眼回望着历史，用手触摸着历史，这难道不是一种文化享受么？每逢周末，在大成门下还有文艺表演。白族歌舞、洞经音乐，白族文化的精粹都在此得以展现。"芳韵看花吟风赏月四时莫放此亭间，弹琴酌酒敲棋赋诗一到尽随佳客便"，大成门上的这副对联，浓缩了整个文化园的特色。在文化园内，"琴、棋、书、画"都齐了。但对联上的"棋"毕竟是死的,活的"棋"则由古城的人们演绎着。

事实上,在大理古城,能够以棋牌娱人的地方不仅仅只有玉洱园和文化园,古城内的茶馆几乎都设有棋牌娱乐室。茶与棋牌看似完全不相同,其实不尽然。品茶在乎境界,对弈同样在乎境界。在现实生活中,这两种静中有动的东西,自然而然地结合到一起。在茶馆中,有人品茶,有人下棋打牌,在这里,你甚至分不清茶与棋牌到底哪是主,哪是次。古城的各色客栈也是打牌下棋的好地方。白族民居式的客栈庭院古朴清幽,草青花香,最适合打牌下棋。就连古城内的众多酒店,也都不会忘了安排棋牌娱乐室,让入住酒店的客人通过棋牌来消遣娱乐。棋牌文化是大理休闲文化中不可或缺的一部分!

保健按摩 保健按摩也就是中医里说的"推拿疗法",距今已有两千多年的历史,是中华传统医学的重要组成部分,是我国医学的宝贵遗产,不仅可以治病,而且具有强身健体的功效。今天,按摩不仅成为现代人治疗疾病的一种选择,更是他们在工作劳累之余放松身心、缓解疲劳的休闲方式。大理是一个旅游的城市,大理是一个休闲的城市,不管是对于古城的旅游者还是古城的居民来说,按摩保健都是很受欢迎的。

在古城的按摩休闲场所中,最好的选择自然是位于洋人街的"大理呙氏推拿按摩中心"。该中心成立于1982年,是大理古城最早的一家推拿按摩休闲居所。中心最大的特色是22位按摩师绝大部分是聋哑人。店主呙金宝师傅生理聋哑,8岁即开始学习按摩技术,一生刻苦钻研穴道规律,遵循医学理论,对临床病例辨证施治，总结出健身、骨伤科推拿等按摩技巧，并辅以理疗，而其传人又在其研究的基础上注入了当代医疗科技，使呙氏推拿按摩技术又迈上了新的高度。从成立至今，中心已经接待海内外宾客数万人次，受到古城居民和外地游客的共同推崇。在大理举行的两届七星国际越野挑战赛期间，呙氏推拿按摩的显著效果令中外运动员赞叹不已。走进中心，最吸引人的就是左边墙上展示的中心自成立以来所取得的成果。通过这个展示中心，可以看到诸如《孤独的星球》、《欧亚旅游通讯》、《丝绸之路》等世界级权威旅游指南都曾以专页对呙氏推拿按摩作过推荐介绍。云南省、大理州的电视台也都曾对呙氏推拿按摩作过专题报道。

成功之时，呙师傅没有忘记回馈社会，由于自己也是身体不便之人，因此他特别能理解残障人士的难处，在招募按摩师的时候，尽量照顾身体不便的人。中心每年都要到位于下关城区的大理聋哑学校去招募新弟子，对他们进行培训，然后给他们提供一个良好的工作机会，也为客人培养了优秀的按摩师。一些远道而来的朋友在感受了呙氏按摩的舒适与保健后，纷纷向呙师傅拜师学艺。而呙师傅也不吝赐教，对他们进行精心培育。多年来，中心已经培养了德、美、日等外国弟子20余人，他们回国后，都在自己的国家以呙氏推拿按摩的名誉挂牌营业。由于市场的需求，目前呙氏推拿按摩中心不仅在洋人街开了另外一个分店，服务项目也从按摩保健扩大到中草药足疗，下关、丽江、香格里拉都开了分店。目前，呙氏按摩技术已被列入大理市非物质文化遗产名录。

　　除了吕氏推拿按摩中心以外，古城还有其他的一些具有不同特色的按摩和足疗中心，大多集中在博爱路南段。像大理段氏足疗、大木桶足道等都是很有特色的按摩保健的较好选择。古城居民在工作劳累之余，或者遇到一些颈椎等老毛病时，都会选择到这些地方去进行放松、治疗。而对于外来的旅人来说，旅途的劳顿也可以在这些休闲中心得到缓解。

花鸟古玩

很多文学作品在形容大理古城的时候，都会用"家家流水，户户养花"这个词，这确实也是大理古城最大的特色。古城居民在居家休闲的时候，都喜欢通过种花、养花、赏花来达到修身养性的目的。走进古城人家，不管是庭院，还是公寓，都会有一些花花草草让你眼前一亮。古城人爱花，也种花。茶花、兰花、杜鹃、月季都是古城居民比较喜欢的花卉。尤其是茶花和兰花的种植，不仅历史悠久，而且已经形成了一种独特的茶花文化和兰文化，甚至还形成了产业，成了古城居民在修身养性之余一个发家致富的门道。大理有句俗话说：一株茶花几担粮，一亩茶花一片房。古城周边很多村民都依靠种植花卉过上富裕的生活。大理就是这样一个独特的地方，它可以在娱乐之中、休闲之时发展经济。

茶 花 首先是茶花种植。"云南山茶甲天下，大理茶花冠云南。"茶花是大理多个世纪的历史名花。早在南诏国和大理国时期，茶花就已成为庭园重要的培植品种，甚至被王公大臣以国花的位置种养在御花园中，元明之际，更加繁盛。明代文人杨慎（升庵）曾经用"绿叶红英斗雪开，黄蜂粉蝶不曾来。海边珠树无颜色，羞把琼枝照王台"的诗句来赞美大理茶花。

当代大文豪郭沫若在《大理山茶花》的诗作中更是把大理茶花推向了一个极致："艳说茶花是省花，今来初见满城霞。人人都说牡丹好，我说牡丹不及茶。"直到现在，茶花在大理依然有着极为深厚的群众基础。大理人爱茶花、养茶花、育茶花、赏茶花。在大理古城，随便走进一个庭院都可以看到茶花树。闲暇的时候，如果不想到外面去，古城居民也可以在自己的院落里侍弄一下花草。而每年冬末春初，则是赏茶花的好时候。院子里、玉洱园、文化园、花街上，到处是盛开的茶花。尤其是每年"花朝节"时，家家门前堆花山，花山顶上一定是一盆盛开的山茶花。对于游客来说，赏茶花最好的去处就是玉洱园了。玉洱园里花色繁多，茶花、杜鹃、马樱、牡丹、月季、梅、柏、竹等，使人目不暇接，体现了大理"天气常为二三月，花枝不断四时春"的特色。而其中最能吸引人们眼球的就是茶花。从玉洱园大门往里走十多米的距离，有个茶花区，那里有上百棵不同品种的茶花树。茶花盛开的时节，大朵大朵的茶花，美不胜收。玉洱园东北边，离池塘不远的地方还有一个花圃，里边有很多的茶花树。你也可以到花街去，那里的茶花也一样开得很艳丽。而且品种也比较多，恨天高、玉带紫袍、朱砂紫袍、牡丹茶、童子面等茶花名品都可以在花街上见得到。花街就位于复兴路上，文化园大门往北至洋人街之间几十米的位置。每天早上8点至晚上7点多，会有各种花卉在此出售，而以茶花和兰花居多。卖花的大都是古城周边农村的白族老倌和中年妇女，即使你不买，也会很热心地给你介绍。尽管带着较为浓重的白族口音，脸上是被云贵高原的太阳晒出来的红斑，但那爽朗的一笑，却能让你感觉到他的内心就像盛开的山茶花一样美丽。当然，如果你觉得这两个地方都不能满足你对茶花的好奇，那你也可以移步城外，到古城苍山门以西三月街上的"大理·中国茶花街"去逛一逛。茶花街占地约1.2万平方米，从2007年建成至今已有30多户花商入驻，经营名贵茶花180多个品种，共计8万多株。茶花街最大的特色是创造性地把茶花同时装在一样的橱窗中进行展示和销售，极大提高了赏花的价值。此外，茶花街还通过各种会展活动和互联网促销大理茶花。古城南门东侧还有一个交易中心，称为"鹤溪茶花交易中心"。中心内各种规格的茶花品种齐全，精品名品新品茶花应有尽有，展示了多姿多彩的茶花大世界。

兰　花　对于古城居民来说，除了茶花之外，兰花也是很受欢迎的一种花卉。大理种植兰花，最早的文字记载为明洪武二十六年（公元1412年），大理国第九代总管段功的女儿段宝姬，将兰苑中百余种兰花的佼佼者，计38品辑成《南中幽芳录》，开启了大理爱兰养兰的先河，确立了大理在中国乃至世界养兰历史上的地位。据说，古城文化馆的镇馆之宝就是一盆已经有近五百年历史的虎头兰。今天大理人对兰花的热爱使大理成为国兰品种最多、最全的地区和以国兰种源栽培与交易为特色的兰花品种市场的核心城市。几乎每个古城家庭都会种植兰花，很多家庭甚至有专门的兰苑用来培育兰花。

其实，不管是茶花也好，还是兰花也罢，"花"可以说是大理的一个品牌、一种象征。从风花雪月到户户养花，从五朵金花到赶花节、朝花节、插花会，闲在古城，你无时无刻不在感受着大理的花色。

养鸟和遛鸟 "育花增寿龄，养鸟添情趣"。养鸟和遛鸟向来是年长者的嗜好和消遣之一，大理气候温和，古城环境清幽，是鸟类比较喜欢的栖息地。许多上了年纪的古城居民都喜欢在自家院子里挂个鸟笼，所养的小鸟有画眉、百灵等。闲时喂喂鸟儿，听听鸟叫，或者干脆提着鸟笼到古城街道上遛一圈，迟暮的生活也因此而变得惬意。

清晨遛鸟，可以选择在玉洱路，玉洱路两边垂柳依依，流水潺潺，道路相对宽阔，最是遛鸟的好地方。或者干脆到玉洱园里，那里花木繁盛，本身就有很多自然的鸟儿在那儿栖居。将鸟笼挂在树枝上，人则在树下活动筋骨，呼吸新鲜空气，甚至还可以听到笼中鸟儿和树上栖居的鸟儿合奏的交响曲呢。当然，南北门以外，城墙根边也是遛鸟的好选择。如果不愿意将鸟儿关在笼中，而是喜欢欣赏大自然中自由的鸟儿，那么可以到古城北门外的林边去。那里是鸟儿最好的栖息地，你可以看到包括白鹭在内的多种鸟儿的倩影，聆听它们悦耳的歌声。

古玩字画 大理地区历史悠久，文化底蕴浓厚，深厚的历史文化积淀孕育了大理丰富的文物资源，大理也因此而成为云南省文物古迹分布最多、民间流散文物最多的地区之一。走在洋人街上，随处可见街边的小摊上或是店铺里摆放着各种古旧工艺品，从字画到古玩再到一些很有价值的旧书，琳琅满目。

大理人对古玩的热情并不是近年才有的。从晚清、民国开始，大理地区民间收藏就逐渐兴起，出现了许多古玩商和民间收藏爱好者。随着社会的发展，人民生活水平不断提高，精神文化需求也日益增长。文物艺术品收藏逐渐成为人们陶冶情操和投资的热点。在大理古城，古玩店最集中的地方是玉洱路下段，那里集中了十几家各色古玩商店。2008年恢复重建的武庙会遗址在功能分区上也专门设了一个"古玩字画区"。该区总面积约1095平方米，紧邻博爱路。设计者的意图是将此建成具备一定规模的特色手工艺品、个性商品和古玩字画、古董旧货的集中销售街区。由于建成时间较短，至今为止里边才有两家古玩店。然而，其中的一家却是古城最有特色的古玩店。该店名为"德艺轩"，店内以字画为主，兼有根艺收藏和出售。店主孙炳笑老先生已71岁高龄，早年长期从事专业刻碑，多年临摹经验加上兴趣所致，使孙老先生也成了一位书法家。店内有多幅老先生自己临摹的字画，更有一些难得的名人字画。店门上高悬的"德艺轩"三个字就是由已逝陈立夫老先生于97岁高龄时亲笔所题。早期的如唐景松、杜文秀、李鸿章甚至乾隆六子等的画作均可在店内找到。大理著名书法家杜已简，郑板桥曾经的老师过峰和尚，台湾著名作家刘墉也都在此留下墨宝。孙老先生虽是经营字画，但也在保护和弘扬我国书法文化。站在狭小的店里上百幅的书画作品前，听着老先生介绍那些名家的事迹，名画的来历，无异于上一堂鲜活的国文课。店里的画作分为两部分，一部分可以卖，另一部分则只能出售老先生自己的摹本，尤其是遇到外国客人，出于对文物的保护，老先生不会轻易出售画作真迹。

位于红龙井下段的"写韵斋"也是古玩爱好者闲暇的好去处，该店分为茶吧和古玩收藏两部分，店主曹先生原来是一名中学教师，退休后，出于对书法的爱好，便开了这么一个既可以营生又可以修身的店铺。店内大多收藏晚清和民国时代的古玩艺术品，其中镇店之宝"北宋定窑瓷桥"价值一千多万元，"写韵斋"还是大理古城唯一一家收藏有油画和我国近现代书画的古玩店，然而对于大多数人来说，"写韵斋"最吸引人的不是这些油画或是近现代书画，而是客人可以现场挥毫洒墨的那种随意，完成的作品可以装裱带走，如果你愿意，店方也非常乐意收藏。很多书法爱好者都慕名前来"写韵斋"，品茗香茶，切磋技艺。著名舞蹈家杨丽萍就曾在这里留下身影。

在大理古城，有特色的古玩店远不止这些，位于洋人街的"原始民族"是民族艺术爱好者闲暇时不可不去的地方。店如其名，"原始民族"收藏的都是我国各个民族的艺术品。从服装，头饰，到烟斗，刀具，应有尽有，而又以贵州苗族的工艺品为多。墙壁上的几套苗族服装各具特色，让你不由得想进一步了解这个民族。玉洱路上大大小小的古玩店也各具特色。有的以古钱币为主。清朝不同时代的铸币，民国的银元，新中国成立后不同版本的人民币都可以找到。有的专门收藏佛像。木雕的，泥塑的，瓷的，铜铸的，不同姿态的弥勒佛，到观世音、罗汉，徜徉其间，可以感受到大理"庙香佛国"的古韵。

古城狂欢

　　来大理旅游的朋友们是怎么认识大理的，通过电影还是小说？也许是金庸先生的《天龙八部》，他把大理南诏古国写得那样神秘，还有电影《五朵金花》，大家看过吗？这部电影在五六十年代就享誉海内外了。在古城还有一个休闲好去处，就是到五华楼看露天老电影《五朵金花》，你可以在凉亭里坐着看，也可以像许多游人一样，在布幕前面热热闹闹、和和气气地席地而坐，旁边是古城的商铺，一改你们坐在电影院看电影的经历，别有一番风味！这里每天晚上都放《五朵金花》，这部电影是我们大理旅游的标志，就像庐山旅游地每天必放《庐山恋》一样，电影虽然比较老了，但是就是它把大理介绍给了世界，大理的旅游因为《五朵金花》走出国门，才让国外认识了大理。

　　朋友，你一定觉得泡吧、看电影这些休闲娱乐还不够刺激，那么古城还有可以让你激情狂欢的节目呢。

　　浪漫火把节　元代文璋甫曾有诗这样写道："万朵莲花开海市，一天星斗下人间。"写的就是火把节的盛况。火把节是云南古老而重要的传统节日，有着深厚的民俗文化内涵，被称为"东方狂欢节"，云南许多民族都有这个节日，彝、白、

闲在古城

纳西、基诺、拉祜等民族都过火把节，大多是在农历的六月二十四或者二十五，因此火把节可以说是一个范围很广的盛大节日，不过有着不同的象征意义，比如彝族火把节是驱逐田间害虫，在田间地头饮酒歌舞通宵达旦，也是男女青年相爱幽会的好日子；纳西族的火把节是象征人们点火把免遭天神毁灭之意；白族火把节来自于"火烧松明楼"的故事，是为了纪念柏节夫人，在白族人心目中，它是仅次于春节的最隆重的节日，村村寨寨要竖大火把，进行集体娱乐活动，家家户户都要准备美味佳肴和节日用品，人们上街买火把节的标志物——用竹篾彩纸扎的小升斗、小火把、松香袋，还有姑娘们用来染红指甲的凤仙花，嫁出去的女儿都要回娘家，每个村寨都要共竖一把大火把，火把树要由当年生男孩的年轻父亲提供，竖火把的坑要由当年生女孩的父亲挖掘，有五六丈高，用柴火捆扎好，插满五颜六色的小旗、梨、苹果、海棠等，称之为"火把果"，是多子多福的象征，顶端插着写着"国泰民安"、"风调雨顺"等字样的"升斗"，它的顶端彩旗飘飘，立着一只振翅欲飞的纸白鹤，老人们先用牲畜祭祀，才将火把竖好，等到暮色降临时，在唢呐鼓乐声中，由德高望重的人从本主庙里取来火种将火把点燃，随后男女老少便载歌载舞绕着火把树转，孩子们争着抢着烧落下来的火把果，象征一年都吉祥如意，青少年们个个手中舞起小火把，不断扑撒松香，飞出团团烈焰，互相追逐扑撒松香以示祝福。

古城虽然没有乡镇那份传统氛围，不过每到火把节，古城也会让你体验到火辣辣的热情。节日傍晚，沿街不少居民的家门口也立了小火把，有的上面插着彩旗、海棠和花，天黑下来，人们点燃手中火把，拿着一包松香，向对方的火把上撒，"嗙"的一下，火苗蹿起，火花四溅，以表示祝福。空气中弥漫着松香的味道，特别是年轻人，一边闹一边逃，虽然狼狈，但是欢声笑语不断，玩得十分尽兴，也有一些游客们无法接受这火辣辣的祝福落荒而逃。在古城的洋人街、人民路上，满街火把燃起，人群簇拥，松香浓烈，火光奔突，最后男女老少手持大小火把聚在一起，将手中火把堆成火塔，火焰熊熊，人们围着火成一圈，边跳着舞，边喝酒嬉闹，空气中弥漫着松香的味道，一片欢腾，有时一直闹到天亮。

大家也许不习惯这份热烈，在参加节日时，准备好有帽子的外套，穿长裤、旅游鞋，戴眼镜，基本上就行了。衣服上会被撒到一层松香，碰到明火会燃起火星，但马上也会熄灭的，那些火星不会烧伤人的，不过头发就要小心一点了，所以爱美的女士们一定要戴帽子和眼镜。

激情平安夜 古城还有一个可以让大家尽情释放激情的节日，那就是圣诞节。它是西方的传统节日，本来和大理没有多大的关系，有着悠久历史文化和自然风光的大理，吸引了无数的外国游客到来，他们也把这个节日带到了这里。在这个东西方文化融合的地方，圣诞节就有了非同一般的韵味，形成了独具特色的"大理狂欢节"。

每年的圣诞节快到了，古城的各个商铺、客栈、酒吧就开始忙碌起来，店面装饰一新，圣诞树、彩灯、圣诞老人等早早布置好，无论在古城的哪条街道，都可以感受到节日到来的热烈气氛。

到了平安夜这天的下午，古城武庙会就开始了一系列的"圣诞嘉年华"活动，为即将到来的狂欢夜预热，在古城大街小巷，到处是卖圣诞帽、圣诞节面具、雨衣、圣诞"飞雪"的，城外前来参加狂欢节的各种车辆如潮水般涌来，离古城几公里以外的地方，车辆早就排成了"长龙"，四个城门口都有警察在忙着维持秩序，城内街道上，人们摩肩接踵，欢快地拥挤着走在古城的几条主要街道上，有的忙着买晚上参加"战斗"的面具、帽子、雨衣、飞雪等装备，有的拖家带口，忙于找临街的酒吧、茶吧，占领有利并且安全的地形好观战，人山人海，热闹异常，男男女女老老少少，脸上却都洋溢着欢快的笑容，你一定会深受感染的！

到了晚上，古城的大街小巷就成了狂欢的海洋！男的女的、老的少的，认识的还是不认识的，大家扮成圣诞老人，或者戴着面具，手里拿着各式各样的小玩意，喜悦之情洋溢在脸上，年轻人和小孩更是兴高采烈，手里拿着圣诞飞雪，街道拥挤得水泄不通，临街的摊位货架被挤得摇摇欲坠，人们在擦肩而过的同时，凉凉的、爽爽的散发着幽香的泡沫突如其来、劈头盖脸地喷射过来，让你措手不及、狼狈不堪，空中飞满了喷雪和彩带，空气中弥漫着酒香，还有不同语言的叫声以及笑声，对着他们认定的目标进行攻击，整条街人声鼎沸，人们尽情地分享着平安夜的欢乐和幸福。

平安夜古城的狂欢会一直持续到凌晨，洋人街、人民路是狂欢活动的中心，在大理，你一定想不到这样一个少数民族聚居的地方，会对圣诞节这么热衷，这个西方的节日，在大理演绎得这样的热烈，无论是本地人还是游客都是那样疯狂！在如此狂欢热闹的场景中，你可以身临其境，亲自去感受一番圣诞节狂欢的乐趣，戴上色彩绚丽的羽毛面具，随着人群向前走着，漫步其间，并且在那样的环境中，我相信，你也会疯狂地叫着、笑着、闹着，疯狂地释放自己！但是，也提醒大家注意，保护自己的装备是必不可少的，别忘了要买帽子、雨衣或者用来反击的"飞雪"，这样你就可以加入狂欢的人群，肆意狂欢了。如果你不喜欢这样身临其境，也可以在夜晚来临前找一家临街酒吧的楼上，喝着酒，品着茶，做个旁观者，观看古城这个另类的节日，一定会让你终生难忘。大家不妨来体验一次和平时悠闲风格不一样的大理！

闲在古城

● 住在古城 >>>>>>>>>>>>>

古人有云："乐土以居，佳山川以游，二者尝不能兼，唯大理得之。"各位请看：苍山洱海间，触目可及的是盎然绿意，沿街的是花团锦簇，大理古城把生活环境的宜人舒心，散布在了随处可见的白墙青瓦淡墨和天蓝地绿水清之中。大家可听说过云南的一句俗语叫"丽江姑娘到处走，大理姑娘带不走"，这是为什么呢？因为大理是中国最适宜居住的地方，在大理本地人悠然而住之际，无数的中外游客也一见钟情，流连于此，不再想离去。古城里一个个小小的院落，一间间温馨的客栈成了他们流连在大理的"家"。这一间间别致的客栈也以独特的地方色彩和民族风格，形成了大理特色的客栈文化，成为大理古城中一道独特的风景。

大理古城客栈文化

大理古城中的客栈与古街旧巷、民居老宅是一体的，很多客栈就是由民居院落演变过来的，如果没有门头上那别致的匾牌，即使从房前走过，也许您也不会注意到那是一家客栈。

古城客栈集古镇型、景区型、民族型为一体，是一种能代表地方风土人情、历史文化的家庭旅馆，入住这些客栈，能让您体验到大理古城的历史文化气息和民俗风情意味。

1985年以前，大理古城中只有一家客栈，那就是1985年由私家照相馆转业而来的爱斯花园旅舍。随着自助旅游的浴场和散客的增多，客栈在大理古城发展很快。2004年，古城内还只有51家客栈，到2009年，短短5年之间，大理古城客栈已增加到了300多家。这300多家客栈散布在古城各个区域，但主要集中在洋人街区（包括人民路、红龙井）、文献路段（包括绿玉路区）、平等路段和西门外三月街场等四个片区，总体形成大分布、小集中的格局，城内城外平分秋色。其中，洋人街区、平等路段二片区属于城内。

朋友，如果你喜欢中西合璧的环境，那么您可以选择洋人街片区的客栈。洋人街片区比较有特点的客栈有中和居、复春和、西藏咖啡、水云间等。如果您要体验的是当地家居化的生活，那就要到平等路片区了。平等路长不到200米，但路两旁大大小小有三十多家民居客栈，被大理人称为民居一条街。在这里，您可以感受很纯正的白族民居生活和白族庭院环境，可以与客栈家庭成员搭伙吃饭，这里的服务人员基本由家庭成员组成，在接待上以国内游客为主，代表客栈有：清心庭院、桂苑居、棕树园等客栈。

民居客栈之所以广受游客的喜爱，一个重要原因就是这些客栈的建筑样式、建筑风格具有地方性和民族性的特色。大理古城中的白族民居大都是就地取材，广泛采用石头为主要建筑材料。再加上精美的彩绘、雕刻，还有花草的陪衬，整体看起来简单、自然也很精致，正好可以很好地满足旅游者的文化体验的需要。大理作为西南原茶马古道的要冲，其文化中多元文化交融的特点，使得古城中的客栈体现出不同的风格形式。古城中的客栈总体上以白族为主，杂有部分藏族风格、白藏混合风格、回族风格和其他文化类型。风格多样，使不同喜好的游客都能在这里找到自己喜欢的客栈类型。由于受入境游客的影响，部分客栈也有中西融合的特点。

大理白族民居以其环境的优雅和整洁而自成一派。大家可以感觉得到，大理民居家家户户都很重视对庭院的布置。据调查，游客对大理客栈最满意的因素便是客栈的庭院环境，这在客栈文化中，成为一个突出的亮点。因为大理素有"家家流水，户户养花"的美誉，大理居民传统上很重视庭院的修建与美化；大理旅游业的兴起也促进了大理庭院经济发展，这在民居客栈中表现出业主对庭院相当的重视；花木繁茂的庭院与白族建筑风格相辉映，造就了民居客栈古朴雅致、闲散浪漫的庭院文化气息。客栈多以"三房一照壁"为格局，大户人家则为"四房五天井"的格局，其间飞檐翘角、白墙青瓦鹅卵石，淡墨的山水画装饰，总体建筑风格让您感觉朴素淡雅、古朴幽静。这种客栈庭院和大理的旅游大环境形成了互补，亲爱的朋友们，如果您有"民宿旅游"、小憩发呆的闲适要求，一定不要错过大理古城的客栈！

大理古城特色客栈

各位朋友，要说大理古城里富有特色的客栈那可真不少，从哪一家说起呢？好，就让我们从古城里历史最长的爱斯花园客栈说起吧。

爱斯花园客栈 爱斯花园原是大理古城内最早开设的一家照相馆。古城里的人，说起爱斯花园，没有一个不知道呢。花园业主是祖辈五代人都世居大理古城的大家族，也算得上是书画世家了。老板父亲新中国成立前就在古城书画馆当学徒，在1935年，以书画的审美基础，在大理古城内最早自学并引进摄影技术，开设了当时大理第一家照相馆。在改革开放前夕，爱斯花园买了大理古城内最早的一台20寸木板老式黑白电视。年纪大一些的游客都知道，那个年代，人们的娱乐生活很单调，所以远近的街坊故里都来看电视，花园业主便吃玩带耍地慢慢卖起了茶水、修建了爱斯花园。远处来喝茶看电视的玩得晚了，便歇了下来，不走了。于是花园业主在1985年开设了改革开放后，大理古城的第一家个体私人客栈。

爱斯花园在复兴路，距北门及4路公交车终点站只有百来米。"爱斯"的意思，就是爱你。客栈才开始时，只有5个床位，两间客房。客栈就是自家的花园，鲜花盛开，香气袭人。

您会喜欢它的院子，古色古香，很有韵味，不到六十平方米的小院子被围在三层小楼中，本就狭窄的地方还种上了各种花草，小桥流水假山游鱼之中，居然还挤进去一个突起的小亭子。这看起来拥挤得像热带雨林的小庭院，让人觉得白族热爱花木的名声真是名副其实了，您一定会喜欢上这种忙里偷闲式的拥挤，小巧精致的花园。正如老板父亲所说"花香不在多，园雅何需大"，客栈柜台后至今仍然挂着老板父亲亲手所书"一笑皆春"的书法，表现着这个艺术人家的历史。

淡季的时候，老板和老伴会出去旅游。旅游旺季您来了，老板会跟您闲聊，讲他的故事，大理的故事，父兄的书画故事以及这九个兄弟姊妹的大家庭的故事，您便在这书画世家的客栈里体验大理古城的白族家庭文化及民族文化了。

中和居 大理古城内各具特色的客栈很多，而主要以白族民居式客栈为主，中和居便是一座典型的白族民居客栈。

中和居客栈全称为云上四季精品客栈大理古城中和居店，是一家集住宿、餐饮、娱乐等服务于一体的多功能型客栈，是大理古城客栈走品牌化、连锁化、标准化之路的代表。中和居2007年7月开业，是云上四季酒店管理有限公司的第一个地州加盟店，按"四星"级的标准对客栈进行经营管理。

各位朋友，你们喜欢那种具有怀旧情愫的老屋子吗？中和居便是一座有历史的老宅子，这里本是一户官宦人家的府邸，后来还做过大理市的中和法庭用房，因此客栈就取名叫中和居啦。整个客栈分为两院，结合了白族民居经典的"三方一照

壁"、"四合五天井"、"六合同春"的建筑风格,采用了
白族民居建筑形式与现代建筑风格相结合的结构式样,以白族
民居建筑形式为主体,充分体现了白族民居建筑的风格特色。
堂屋、照壁、小天井、走马转角楼,这些都体现出它是在旧的
形式上进行了翻新的典型白族民居建筑。灰砖灰瓦,雕梁画栋
能让您感觉到早先官宦宅邸的门庭古朴和典雅。前院设有茶
室,安排为茶艺、书吧和网吧,让您在住宿期间能有一个舒适
的空间来休闲、娱乐,并可提供英语服务人员。

　　客栈拥有30间风格不同的客房,均由名师设计。房间的所
有家具设计采用白族人家常用的古典家具,如雕花衣柜、雕花
花架、古朴的电视柜,一切都是显得古色古香而典雅。房子是
古代的,但里面的东西是现代的,装潢极富诗意,设有电视、
电话、抽水马桶,可以上网。每间客房不仅有编号,而且都有
一个美丽动听的中文名字,所有的名字按顺序组合起来便成为
一首美丽的七言律诗:

大理春雨

昨夜轻雷惊梦阑,潇潇喜雨竟时欢。

曦庭燕落红湿院,晓岭飞花素裹山。

玉洱渔舟春意漾,银苍雪冠古风酣。

石阶小巷斜阳润,绿伞红衣玉镯环。

　　2008年,著名导演冯小刚来到大理,住的就是名叫"燕
落"的剑川帐式特色房。

　　四季客栈 领略了中和居的诗情画意,接下来,我们来看看

深受外国朋友喜爱的四季客栈。

　　四季客栈原来在博爱路，2007年搬到人民路现址，是一家以接待外国游客为主的背包客客栈，也是古城内最有名气的客栈之一。四季客栈于1995年2月，由来自安徽合肥的沽沽与台湾的阿龙创办，为当时大理古城中的第一家个体租赁客栈，至今已经有十几年的历史了。

　　四季客栈以白族庭院为设计理念，装饰风格清新自然，小巧玲珑，无处不体现人与自然的和谐，置身其间，宁静幽雅。客栈拥有标准间、普通间、子母间及其他类型客房二十多间。客栈开业以来，始终坚持以优质的服务回报旅客，客栈任何一个角落都有4兆的无线上网接口，突出休闲空间及休闲理念，门口的大厅兼休闲酒吧，小庭院里的桌椅用收购来的几根老旧木头请人做的，原木的纹理形状就这么裸露着，天然而粗糙的样子营造出返璞归真的效果，有一种原始、朴素、怀旧的氛围，感觉非常温暖和古老。甚至特意用在洱海里泡了许多年、已经具有耐腐性的老船只木头，在屋顶做了一个休闲观景阳台，原汁原味的原生态老木头座椅、栅栏、地板和扶手，写尽了沧桑的颜色，仿佛让您与屋主一起隐于家中，又不时会活跃于闹市，尽管一切感觉粗糙而苍凉，但山林之气已然尽收在此。

　　苍岳别院 苍岳别院地处大理古城玉洱巷内，是颇具白族民居风格的庭院客栈，于2007年开业。苍岳别院虽说只有12间客房，但设计装修就花了3年时间。其建筑精致古朴，雕栏画柱，三坊一照壁，飞檐斗拱，让您充分感受到它的精致性与民族性。12间各具特色的客房体现白族文化精髓的同时，又渗透着现代旅居文化理念，庭院典雅古朴，疏朗有致，草木丰茂，茶花、奇石垒出的鱼池，历经百年的雕花门窗、火山石的墙面。三楼的观景台，将苍山、洱海、三塔、古城尽收眼底。观景台上旁围夜话，独处观星听雨，阅闲书淡看风云，甚或什么都不做只是慵懒地在摇椅上静享清澈阳光的爱抚，恰时无论是与挚友佳朋赏花布棋汲井水供茶，都会让您享受到客栈文化和家庭式服务相融合的舒适和便捷。

庭院每一处都流露出白族文化的厚重，其最大的特色有两点，一是美——集唐宋江南庭院之美，传承大理白族"三坊一照壁"天井雕廊之雅，大手笔采用富贵之首的"楸木"做雕栏，巧妙大胆地运用云南特有的火山石，而在实用设计上则推崇西方舒适的内装修。客栈内有一口甘甜的老井，客人住在苍岳别院可取井水品大理沱茶。二是家的感觉——岳家是大理的白族书香门第之家，热情好客、广交朋友，对大理国的历史和白族的文化颇有研究。苍岳别院以传承大理民族文化、家居民俗风情为己任，在装修上突出了大理典型的白族建筑风格，在服务上给客人更多的是白族人的温情与热诚。

玉洱银苍 玉洱银苍是一家主要聘用勤工俭学的在校大学生为服务人员的白族民居型客栈。建于2009年7月，位于大丽路与玉洱路交叉口（风花雪月大酒店正对面），交通十分便利，酒店背靠苍山面向洱海，距洱海仅2公里左右。

玉洱银苍继承了传统的白族建筑风格，是典型的"三坊一照壁"式白族民居，格调古朴典雅与现代魅力共融，环境优美，空气清新。客房格调古朴整洁、舒适温馨，让您深切体会到白族院落的精巧秀雅，白族客栈的家居人情。精心修筑的白族照壁，具有浓郁的民族特色，采用凸纹雕塑、彩绘及水墨画技法，内涵大理最经典的景点，如三塔、蝴蝶泉、三月街、海心亭等，并用暗八仙作边饰，赏心悦目。值得一提的是从酒店的经理到服务人员均为在校大学本科生，他们以全新的服务理念、现代的营销模式进行经营管理，在客栈中，您可以从多方面体验到一种大学生精神，他们的精神生活构成了客栈生活中最活跃、最具有能动性的方面，让您感受当代大学生的健康积极、个性化鲜明、功利与情感并重、低俗与高雅共存的精神风貌，这些已成为玉洱银苍客栈文化的重要内容。

复春和小酒店 大家可能都听说过喜洲商帮，下面我们要介绍的复春和小酒店，便是得名于喜洲商帮四大家族之一的尹莘举开的商号"复春和"。

大理古城白族庭院复春和小酒店，位于洋人街黄金地段，系尹家后裔尹树泽先生所办。客栈内白族"三方一照壁"，"三滴水"古井等建筑古朴典雅，但客房设施现代，配以热情服务，给你以回到家的感觉，洗去你旅途的劳累，感受新的生活。小酒店的每一间客房的写字桌都设有网线插口，非常方便工作繁忙的客人，如果您愿意，小酒店餐厅还会为您做地方特色的家常菜，或者准备早餐。在旅游住宿观念发生深刻变化的今天，越来越多的旅游者正从大酒店的封闭型客房走向具有特色的庭院客房，充满白族民俗风情和历史文化，虽然在洋人街里，晚上外面人流如织热闹无比，可是客栈里却非常安静，每天睡到自然醒。对于旅游休闲的人士来说，不仅能尽情享受这里清新的空气，洁净的泉水，暖洋洋的日光及淳朴的人情，而且也是一个了解大理白族历史文化内涵的好园地。

清心庭院 清心庭院是带有西洋基督教元素的白族民居客栈，是大理古城内段氏家族自主经营管理的家庭客栈，位于大理古城内平等路福康里36号（北门城内基督教堂旁）。这里环境清新幽雅，古朴宁静，主房为全木结构的典型白族民居，始建于上世纪20年代民国时期，距今已有80多年历史。因段氏家有人原来是教堂的长老，所以以自己对《圣经》的理解，在居住的环境里体现出西洋基督教元素：进门您可以看到一个蓝色的"爱LOVE"字，堂屋左边墙面书写的是"谨守训言的必得好处，依靠耶和华的便为有福"，右边墙上书写的是"要先求他的国和他的义，这些东西都加给你们了"。

客栈整栋建筑融汇白族民间手绘、木雕，青砖履廊，青瓦覆房，飞檐翘楚，面东而立。以正房为中心，拾级而下，院内青石条块自西向东径直延伸至正对面矗立的高大白族建筑点睛之笔——照壁，形成整幢建筑的中轴线，其余青石条块与中轴线成九十度南北延展，使得整个院落张弛得体。照壁之三滴水下为民间手绘彩画贵为吉寓，照壁正中手书"清心得福"大字行楷，蕴涵主人极富哲理的生活意境，而每每周游四方者入内亦为此清心之地所流连。北面为二层砖混式白族民居，简洁大方，依然保持大理白族民居建筑特色，在南面花架小院落内品茶聊天，竹筒水烟，美酒咖啡，实为舟车后的惬意之所，全然不知返家之途。西北角一棵植于清光绪年间的桂花树四季长绿，树冠延覆至两栋房屋的二层之间，茁壮可观。院内植有大理名茶，高山杜鹃，金银素心等四季常绿花卉，蓝天白鸽，鹦鹉啼鸣，鸟语花香。

著名作家海岩的电视剧《五星级大酒店》亦曾在大理清心庭院里拍摄过外景。

桂苑居　由于怀旧、回归思潮的兴起，游客们更喜欢入住于白族式老房子里，桂苑居就是这样一所老房子，而且它是一所有故事的老房子，具有上百年历史，一砖一瓦都有大理的味道。桂苑居主人的祖上精通医术，而且经常周济穷人，所以曾经得到当时大理军政府的匾额"品端术精"。可能正是因为主人的功德，在大理大地震中，桂苑居的白族式老屋安然无恙，丝毫未损。庭内有百年桂花树、老井及老人遗留下来的工艺美术作品。园内小溪流水，清新宜人。再加上其他的花木扶疏有致，还是很有老房子的氛围。老屋是传统的建筑风格，一层高而二层低矮。一层是堂屋，二层已经变成客房。堂屋正中悬挂寿星图，两边各两幅中国传统绘画。前面供桌上供奉观世音菩萨，配有粉彩白瓷瓶，插有竹枝和梅枝。桌上还有西洋旧时自鸣钟以及苍山大理石画屏一面，尽显世家风范。有意思的是，老屋门口的墙壁上还有一小幅油画，上面是几个小人，画风略显幼稚，然而意义还是很深远的，尤其是和中国古代风格相互对比，令人沉吟。老屋之门为传统雕花木门，色泽艳丽，雕工精细，寓意深刻。照壁正中一"福"字，旁边藤萝花木环绕，下置一石桌，可品茗赏月读书作画，邀朋唤友，闲谈小酌，满眼是花，处处有水，院子里还有棵百年桂花树；古色古香的家具，空气中弥漫着清淡的花香。

桂苑居老板的女儿就读北京中央民族大学艺术设计时，认识当时在中国农业大学学中国语言的韩国留学生全民旭，2005年嫁到韩国，在韩国学习韩语及韩国料理。2008年12月，桂苑居在叶榆路189号增设韩国料理店。由桂苑居老板的女儿及女婿打理。桂苑居韩国料理店，所有的配料调料都从韩国带来，以保口味正宗。韩国料理店的开张及语言沟通的便利，也为桂苑居带来了许多韩国客人入住。桂苑居老板女儿的美满的跨国婚姻也成为平等路上的一段佳话。

鸿程苑 鸿程苑酒店是古城内较大的一家白族民居客栈，位于大理古城交通主干道——玉洱路中段玉洱园与"蒋公祠"之间，为"三方一照壁"、"四合五天井"的典型白族民居式建筑。

相传开元二年（公元714年）南诏王室在古城立土主庙，最初的一批寺庙就坐落于现在的鸿程苑酒店周边。因此鸿程苑酒店期望能在白族本主六府三相公的庇护之下，宏图大展，鸿程万里，因而取名"鸿程苑"。鸿程苑酒店右边的蒋公祠是清末腾越镇总兵贵州提督蒋宗汉祠堂，鸿程苑酒店的建筑风格，借鉴了蒋公祠建筑的特点，与蒋公祠建筑的风格一体相承。

鸿程苑不仅环境优美、舒适、宁静，而且有宽敞的停车场，很适合自驾旅游者入住。客栈内有40间客房，100余个床位。客房设施设备齐全，豪华标间设有电话，可免费无限时直拨市话及国内长途，房内有提供ADSL宽带上网，不同类型房间适合不同人群，古典的木质结构装饰，小桥流水和青石板铺路的衬托，形成古色古香具有浓郁民族特色的花园酒店。

玉源客栈 玉源客栈是一座典型的花园式白族民居客栈，三房一照壁建筑风格庭院。一出大门就是大理古城有名的红龙井，一条中间小桥流水，两边绿叶成荫的阶梯式的步行道。客栈里设有17个标间，2个普间。庭院旅馆背倚高大雄伟的苍山，下临充满白族文化风情的大理古城，远眺景色旖旎的洱海，交通便利，是到大理自助旅游者的一处理想的住宿地。这是一家典型的夫妻店，女主人名叫张良玉，男主人名为杨义源，客栈取夫妻俩人名字中各用一个字，合为"玉源"，表示夫妻两人互助友爱。勤劳热情的主人将这家白族庭院收拾得干干净净。有三名服务员，可以和外国的客人进行英语交流。玉源客栈设有标准间、双人间和三人间，均配有彩电，室内家具均为实木雕花。可以满足不同旅游者的住宿需要。庭院中间种植了几棵茂盛的大树，并用木头搭建了一个二层小楼阁，虽然让庭院略显局促，阁楼却非常漂亮可爱，进得门来，让您眼前一亮，忍不住围着它转一圈。在庭院中的石桌旁，或是支起一个小木桌，泡一壶清香的云南绿茶，就着暖暖的阳光，和朋友一起玩扑克或麻将，也可以在小木阁楼里，聊天上网看风景，煞是惬意。

棕树园客栈 朋友们，想去清净之处就千万别错过棕树园客栈。棕树园客栈是传统的三坊一照壁的典型白族民居，位于大理古城银苍路109号棕树园村。三星级规格，古朴典雅和现代魅力共融。两重院门，青石铺路，曲径通幽，砖雕石砌，美轮美奂，颇有小家碧玉之感。雕梁画栋，每层每个檐柱下都有木雕的龙凤狮头。不同颜色的鹅卵石铺地，四角拼出四只蝙蝠，中间是一个大大的"寿"字，铺出一个四福（蝠）同寿的图案，据说做寿之人其上漫步，将延年益寿。客栈整体感觉屋宇光明，花木盆景，古趣盎然。一几一石一香茗，一花一书一天地。此时，你感觉时光在停滞、心灵在荡涤，城市的喧嚣和繁华化为内心的独白。下榻任何房间，您都能欣赏白族院落的精巧、自然、舒适；栖身二楼，您可以站在回马廊中俯视庭院的任何角落，花开花谢，云展云收；徜徉于三楼；亭宇小巧，围栏古朴。亭前远眺，观山观海观古城，亭内休闲，玩棋玩牌玩风月；

古城人家 古城人家是目前云南省唯一一家以影视文化为主题的客栈。客栈建筑风格为典型的白族民居，前院三坊一照壁，后院为四合五天井。该客栈的主人经营客栈的主要目的是为大理文化交流搭建一个平台，为交流和传播大理民族文化提供一个场所。古城人家属于大理雨林影视文化传播公司下属接待客栈，其有别于其他白族民居客栈的特点就是它与影视文化界那深深的渊源。这里拍摄过电视连续剧《逃亡香格里拉》、古装电影《缺一门》（即《十全九美》），《缺一门》剧组所有演员都入住古城人家，有导演王岳伦，演员黄奕、李湘、立威廉等。2007年7月2日，电视连续剧《超级男女》开机仪式在大理古城人家举行，2007年10月著名导演刘兴刚在古城人家度假……古城人家，大理古城客栈一道别致的风景。

水云驿栈 如果朋友们想要交友同游大理的话，就请到水云驿栈来。这是一家老字号的客栈了，以前开在古城的洋人街上段，现在搬到红龙井上菜园，具有特色的白族民居院子。水云驿栈的名字来源于洱海清澈湛蓝的水和苍山变化多端的云。所以在水云驿栈的门口挂着一副木刻的对联"行到洱海水穷处，坐看苍山云起时"。驿栈的房间类型很多，客栈现有10间房，类似酒店的标准间，有为全家出游设计的家庭间，有外国游客最喜欢住的小套房，还有经济的三人间。客栈小院很安静，一把大伞撑在中间，满院的花花草草掩映着灰白色的墙壁，空气里弥漫着淡淡的花香。房间干爽洁净，大理灿烂阳光照耀着终日绿荫重重的庭院，茑萝怒放着，米兰飘散幽香，让人觉得舒适而悠闲。还有一个很大的晒衣台，上面有洗衣机可以免费洗衣服，还可以坐在晒台的躺椅上看书、晒太阳。房间简洁舒适，非常适合广大驴友、家庭出游住宿。

闲暇时可与朋友、家人喝茶聊天，结伴游玩，享受自由时光，细细品味大理的点点滴滴。白天可坐在小院中，喝茶、聊天、发呆，晚上则有精彩热闹的"驴友座谈会"，在这里孤独的你可以找人同游，由客栈主持交友同游，或在留言本上粘贴邀约的帖子，在主人阿波带领下，以户外运动、徒步登山等形式，在自然环境中，进行少人而优美的生态之旅。

部落人客栈 部落人客栈为田园式风格的白族传统民居建筑，位于大理古城中心繁华地段，一出门就是五华楼。客栈有点像个四合院，不过跟北京四合院不同的是，这里的房子是两层楼。客栈墙上挂了一些玉米、草鞋、竹编簸箕等乡村农家物什，点缀了整个空间的素静，有一种田园的氛围，又不觉得张扬。在二楼的阳台上，可以看到客栈后面的山和缠绕在山腰的玉带云。单体建筑有单檐空仙顶式大门，重檐硬山顶式大堂，单檐瓦顶，木结构走廊，新建硬山顶式客房。外墙面贴青砖，木门，格子窗，小青瓦屋面，花园式天井，室内为环保型白石灰墙面，设施、设备为二星级酒店标准配置，院内青草野花，芳香扑鼻，青石板地面，石桌石凳，休闲长廊，古朴典雅，环境优美，自然和谐，住宿安静，逛街方便，很适合闲适聊天。楼顶观景，东望洱海全景，西看苍山风光，南北观望古城风貌。客栈设置了棋牌娱乐、保健按摩和足底按摩服务。

朋友们，在介绍完了白族式的民居客栈后，我们来看看，大理古城还有哪些现代型风格的客栈可以让您选择。

风月山水 穿过红龙井小桥流水垂柳的街道，你就可以看到风月山水了，可能是艺术家和大理有不解之缘的缘故吧，所以才在小桥流水的旁边有了这么一家风月山水。

风月山水的主人是著名的画家方力钧，这里原是他的工作室和他接待朋友的地方。风月山水属于现代艺术型客栈，它藏着艺术家对生活的理解，也藏着大理的古朴、宁静与厚重。客栈的设计同主人的画一样，让人耳目一新：穿过厚重的木门，踏着青石板的小路展现在你眼前的是一个小小的池塘，池塘上面坐落着一间100来平方米专为情侣设计的用钢架和玻璃搭成的透明房子，房子是一间酒吧，里面很随意地摆放着几个老式木头茶几和布艺沙发，透过玻璃，可以见到几片睡莲与绿水红鳗如活动的印象派油画，成为无数情侣的美好记忆。酒吧上层，一半是平台，一半是著名的玻璃房，玻璃房四面垂着白色的纱帘，通透、朦胧，原木家具和地板，开放式的卫生间没有隔断，充满后现代的意味，房前的平台大得可以开个小型舞会。池塘周围是用小石板和石条围起来的，东面有几棵大理本地的竹子，南面是巴掌大的主人自己种的小菜地，上面长着绿油油的青菜。池塘边芭蕉树后的二层房，乍看像没有完工的毛坯房，其实是一栋两层高的水泥原色的房子，虽然外面不怎么样，可是客房内的装饰却是相当的精致。西边的小楼，是由废弃的厂房改造成的工作室，四米多的层高，空旷的空间，放满书籍和收藏品的书架。厂房的二楼也有标间，其中卫生间里的高档洁具和用石块砌起的墙壁产生现代与原始的对比，给人一种强烈的视觉冲击力。厂房三楼有个平台，是拍摄苍山晚霞的最佳位置，晚上你就可以到楼顶上看月亮，如果是冬天的晴朗的晚上，你可以看到让你感动得想哭的景色，就是洱海月照苍山的雪景。

客栈给您的感觉就是随意自由，主客不分，具有一种不羁的艺术气质，是电影界、艺术界及美术界人士常来的地方，如歌唱家罗大佑、国内新锐导演王小帅、电影演员廖凡、艺术家陈巧巧等都曾入住于此。

懒人回家客栈 亲爱的朋友们，你们有没有觉得偶尔做做懒人，是一件特别幸福的事儿呢？不急，我们就去看看一家以懒人为荣的地方，这就是懒人回家客栈。

懒人回家客栈有个别名，叫做洋人街1号，因为它在洋人街最上段。如果从214国道进入大理古城，它就是你最先看到的建筑。客栈2007年开张，是大理懒人书吧的姐妹店。客栈由老的木头房子、新的现代建筑两部分组成，二楼的走廊连接了新老两座建筑，大部分转角摆放有椅子、桌子、杂志、鲜花，实用又温馨。院子里的木头亭子是露天餐厅，旁边专门设了一个小厨房，供手痒的客人自己做饭。懒人回家客房房价中包括早餐费，主营特色餐点和饮料，特色香辣面，猪排饭，三色饭。客栈强调环保理念，厨房用自来水，饮用用山泉水，卫浴用的是深井水，客房不配备一次性卫浴消耗品，而是提供家居式牙具等，并鼓励带走，重复使用，避免浪费。

这里一共有14个房间。从情侣房到大通铺一应俱全，每个房间装修极其用心，家居、摆件、灯具、墙面各有不同，连被套都是每个房间各具一格，绝不混搭。在所有的房间里，一楼那间紫色的情侣房最是招人喜欢。据说，即便整个大理只有一朵玫瑰花卖，胖子老板也会把它买下放进那间紫色房间里。微风一吹，纱幔轻舞，满屋的浪漫，窗外路过的人往往为房间着迷。客栈还未营业的时候，曾有个外国游客从窗外经过，冲进来指手画脚半天说准备进来睡一个月。更有两位痴人，为了在那儿住一晚，连续在其他客栈停留了几天，死活求着老板开业。

这是一个可以理直气壮的以做懒人为荣的地方。懒人回家，一个让你在大理留下的理由。

六合院青年旅舍 六合院青年旅舍是一家充满现代意味的设计型客栈，位于大理古城人民路下段。业主是山西人，为租赁式经营。外观仍然是白族风格建筑，但房间内却处处体现了设计的概念，充满艺术气氛。最值得一提的是它内部的房间设计风格，为主题型房间，呈现一种很个性化的设计。客栈每间房的风格设计各不相同，且都别具一格，独特新颖，给人耳目一新的感觉，房间的画是老板崔慧自己所画，打破传统酒店模式，将艺术性与舒适性巧妙结合，体现出一种现代的、比较前卫的理念来，比较适合年轻人入住。您可以住标间或单间，也可以随意睡在墙上画着高大的树木，像露营一样的帐篷里。还可以住白蓝相间的地中海式图案的房间，玻璃的沐浴室顶，配有日式泡浴大木桶，您可以边泡浴边看夜晚的星空。这里好像没什么规定，都很随意，墙上、走廊上都会有喜欢绘画的背包客老外自告奋勇画的画。大厅里有无线的网络，有挂着一些来自尼泊尔、印度、泰国的服饰，任游客购买。有全自动的洗衣机可以免费使用，还有厨房，很多人也在用。这里有很多书和杂志可以翻阅，还有好多的电影您可以随便看。您会遇到跟您一样很有个性的人物。

15个房间15种风格，每间都会让您不禁赞叹。大理六合院，一个绝对精彩的地方。

水云间青年旅舍 水云间青年旅舍是一家带有蒙古元素的现代型客栈。地处大理红龙井，溪水淙淙，绿柳拂风，位置绝佳，环境优美。由内蒙过来的李阿姨一家四口投资经营。李阿姨爽快且热情，生意做得极为灵活。客栈布局开放，处处都可以看红龙风景，以灰、白墙，玻璃和纯原木为基调，用四个大树桩和厚板木做成的酒吧桌，断垣残壁的休闲观景露台，放有茶桌与台球，再过去，便是一个原木亭子，却有着四角形的玻璃顶，明亮而空灵，光线特好，也是喝茶品茗赏红龙的绝好之地。套房也有景观露台，卧室一米八的大床，客厅两组三人沙发拼成一张大床，最让人喜爱的就是连着客厅与卧室的大露台，露台下就是热闹的红龙景区，但关上露台大门，房内就显得极其安静。多人间的屋顶也有一个四角形的玻璃顶，可以睡在床上，看天上的星星。最可爱的是，有一个屋顶上有三个蒙古包，体现了主人的蒙古族身份。酒吧大厅里晚上有蒙古歌和马头琴表演，也应游客要求演唱现代流行歌曲，气氛热烈欢快。这里是年轻人的家园，客主都是异地他乡人，很容易与游客们融成一片，让您分不清哪个是主人，哪个是客人，让您感觉在他乡的浓浓的人情亲情味儿而丢了寂寞，仿佛回到了家里一般。

朋友们，您听过《青藏高原》那首歌吗？或许您心中一直就有着一种西藏情结，神秘而庄严。现在我们来看看古城内的藏式风格客栈。

西藏咖啡 西藏咖啡是一家欧洲式的咖啡馆带住宿的庭院式客栈，采用的是咖啡馆、酒吧及客栈一体化的经营模式，其环境装饰带有浓郁的藏式风格。

西藏咖啡整个店的风格明艳，店门口像是一个染坊，桃红、火红、血红、碧绿、橙黄、水晶紫……全是一些最刺眼、最明亮、最浓艳的颜色，像经幡一样哗哗地飞舞、泼洒，古城的宁静和都市的色彩，巧妙地结合。客栈门口宽敞，放置许多木质的桌椅以及藏传佛教的转经筒，一眼望去，长长排放的转经筒阵列，会使您有一种神秘的敬畏感，原始的纯真和现代的时尚，融为一体，你的心仿佛也同那西藏的阳光一样，一下子透明且轻灵起来，带着西藏高原独特的风情，空阔高远而自由闲适，弥漫着原始与现代、古老与时尚、区域与国际的味道，包裹每一个过往的行人。在这，可以了解从云南到西藏的许多信息，可以提供进藏签证服务，是热爱西藏、藏传佛教的旅游者、摄影爱好的交流汇聚之地，所以客栈便具有新闻性、人文性、趣味性、安全性、文化多元性。时隔十年、二十年的老朋友在这相聚，香格里拉、西藏及全球的来来往往的游客都会来这，通过这个窗口了解大理和洋人街，去辨识古城的人们有着怎样的发展与变化，碰到一张熟悉的面孔，便感觉与这个城市很有关系。所以客栈为全球的旅行者提供这样的方便：发发呆、露露脸、歇歇脚，等着某个人的出现，问一问，谁谁可曾来过？可不可以入藏？安不安全？这是回忆和品味之地，是信息交流之地，是多元文化的中心，稍不留神，您便可能遇见某个明星、政界要人或藏传佛教的大活佛。

吉姆和平客栈 吉姆和平客栈是大理古城另一家有鲜明藏式风格的客栈。早在1983年，洋人街的传奇人物年轻而聪明的金策认识到外国游客所带来的商机，便在古城开了大理第一家自行车出租行，专门租给外国游客走村串户用。两年后，他又在博爱路开了古城第一家西餐厅。随后在餐厅的基础上，开设客栈，成为一家以接待外国团队游客为主的特色客栈。

吉姆是金策的英文名字。吉姆和平客栈外部是白族建筑样式，内部是藏文化风格，整个酒店的内部装修上，突出了典型的藏族风格与西藏文化元素，用红椿木手工制作的雕花古典藏式家具，又大又舒服的床与各式摆设及像经幡式的灯具，原始而又色彩绚丽。浴室带有淋浴、浴缸以及取暖灯。房间外是一个宽大的阳台，你可以坐在外面放松自己。他们同样也有一个花园和屋顶花园，你可以在那儿看到洱海和山川的壮丽的风景，酒店的气氛温暖而又诱人。楼下是餐厅，会有非常美味的饮食，他们提供藏族食品、中餐和西餐，气氛很舒适很放松，你可以试试西藏烧牛肉，如果你想喝点带劲儿的，试试著名的"吉姆的第一"。

吉姆和平客栈接待的99%都是外国人。入住该客栈的以荷兰人居多，德、美、英、法、加等国人士及其在中国的公司人员、专家团队等都很喜欢入住这家客栈，如西门子公司老总，舒肤佳老总都曾入住。

春夏秋冬国际青年旅舍 朋友，如果你还年轻，如果你追求"安全、经济、卫生、隐私、环保"的旅游，那么，国际青年旅舍就是你最好的选择。大理春夏秋冬国际青年旅舍就是古城里国际青年旅舍的加盟客栈。

春夏秋冬国际青年旅舍位于大理古城中心，是一座由春风阁、夏花苑、秋月楼、冬雪居组成的白族居民庭院，以体现大理的"春"、"夏"、"秋"、"冬"为主题命名。环境幽雅，交通便捷，配套设施好而舒适，清洁安静，旁边是大理的酒吧一条街，出门有出租车，也可租用客栈的山地自行车，服务态度真诚友善。墙上有许多装饰内容，有各个国家青年旅舍的标志、童趣幽默故事画、花草树林，还有20世纪三四十年代仕女图以及七八幅"文革"期间的挂图。大厅里有一个铁壁炉，冬天可以生火，有管道可以通向别的公共区域。旅舍内设标准间、日式房及以床位出租为单位的多人房模式（一般为3至6人房），方便青年以最经济的方式，最快地结交各国朋友，所有房间内设有独立的浴室和卫生间。有分类垃圾箱，要求尽量减少洗衣粉的使用，突出环保意识，多数时候房子得自己收拾，体现自助旅舍对青年的教育功能，而这一功能正是一般客栈所没有的。

水星客栈 水星客栈依靠着大理古城洋人街，环境优美，与洋人街的异国风情如出一辙，古朴而自然，能让您享受诗一般的生活。客栈很干净明亮，通风采光很好，白色瓷砖与黑灰色的鹅卵石相间的卫生间，让您感觉一种自然却又不失现代享受的感觉，精致典雅的阁楼房，豪华而宽敞别致，带有观景阳台，依窗而坐，惬意而轻松，可以看不同的肤色、不同的语言的独特人流景观，饱览满街的风情，沉浸于古城的浪漫之中。有音乐、阳光、美酒、咖啡，一切都如此勾起冥冥中的记忆。酒吧的钢架玻璃顶便是楼上的天井，是喝茶、吃草莓、聊天、看星星的好地方。

伊惠园 回族朋友们来大理，可入住伊惠园。伊惠园是大理古城内唯一的一家回族客栈，主人是洱源人，父母都去过沙特麦加城朝圣，爷爷活到104岁归真。主人当过知青，当过炮兵，1975年打过沙甸，1979年参加越南战役，荣立过三等功，后因下岗而开了这家客栈。客栈外观是白族风格，而内部装修是回族阿拉伯风格的，以其鲜明的宗教性、民族性体现了回族文化的内蕴，所有门楣装饰的都是回族式风格，客厅里有伊斯兰图案及少量雕刻，挂有阿拉伯文字，内容为圣训和伊斯兰名人的名字，呈现出了独特的民族审美情趣和审美风格。客房内都是雕花的木制古典家具，呈家居套房形式。主人豪爽开朗而朴实，热情友好，有一次，有个东北游客把他的衣服遗忘在客栈，客栈主人发现里面有好几万元钱，忙电话找到出租车司机，把客人找了回来，完璧归赵，失主对客栈主人拾金不昧的行为及诚信非常感谢，大理古城给这位游客留下了终生难忘的印象。

高丽亭客栈 高丽亭客栈是一家开在洋人街上的韩式客栈，也是一家很有特色的客栈。客栈老板是韩国人，与原来在洋人街上段的NO.3 Guest House是同一个主人。走进客栈餐馆，店堂里很干净，装修一看就是韩国风格，到处都有韩国的元素，墙上的韩国字，桌布的颜色仿佛韩国妇女的裙服，到处悬挂着韩国式的装饰物。客栈的寝室钥匙是很有个性的小牌子。值得一提的是，许多客栈多人间往往是不好卖的，可是高丽亭的多人间却很招人喜欢，常常让游客"一见钟情"。虽然是多人间，但用的却是坡屋顶原木的小房子一样的高低床，保证每个人都有一个独立且漂亮的空间，各床均有屏风一样的竹帘遮挡，有相当的隐秘性，所以可以男女混住。床头还有个小窗户，插座、床头灯、储物台，一应俱全，非常方便。

亲爱的朋友，大理古城的客栈可能没有高级宾馆的豪华和气派，但充满个性，富于特色，亲切得像朋友，随意得像家人，带给旅客游人一份家的情怀。

●古城拾遗

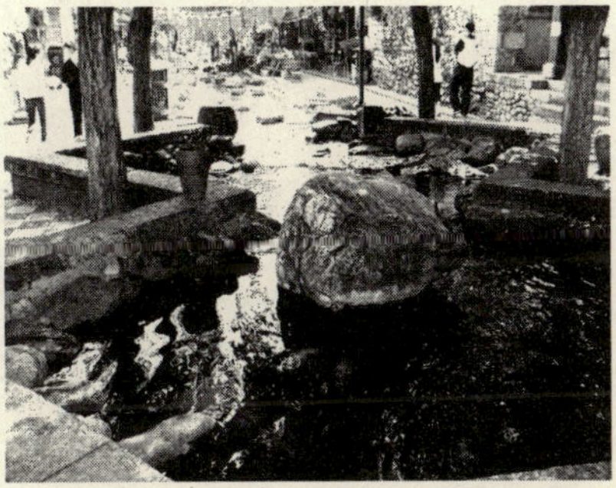

大理古城名人轶事

朋友们，数百年来，大理作为云南政治、经济、文化中心，她秀美的自然风光、宜人的气候、悠久的历史、独特的民族风情、灿烂的文化，不仅养育了一代代白族儿女，也让许多因各种机缘来到大理的古今名人流连忘返，并留下了许多动人的传奇和故事。下面就让我们回溯时光，追思历史上曾与大理结缘的名人和他们的故事。

西门本主郑回 大家来到大理，都知道白族人民有一种特殊的崇拜和信仰，叫做"本主"信仰，白族人民崇拜的本主有很多，其中有神有人，有将有相。下面要给大家介绍的，是大理西门本主，曾是南诏清平官的郑回。

郑回，是唐天宝年间嶲州西泸 (今四川西昌县南) 县令。安史之乱时南诏出兵攻陷了嶲州，郑回被南诏俘虏。南诏王阁逻凤欣赏郑回的学识和治国之才，十分器重他，让他做了儿子凤伽异、孙子异牟寻的老师，教授汉文经史；阁逻凤本人也不时向他请教，并以老师的礼节对待他。所以郑回可以说是三代南诏王的先生。阁逻凤过世时，因儿子凤伽异先死了，于是由孙子异牟寻继承了王位。异牟寻继位以后，拜老师郑回做了清平官（相当于宰相）。当时清平官共有六人，郑回是首席清平官，是南诏的决策人，并有权利挞伐其他犯错的清平官。

在历史上，唐朝和南诏本来是和睦相处的。唐朝为了保障边陲，支持蒙舍诏统一了洱海地区的六诏，建立了南诏，又封皮逻阁为"云南王"。但从天宝初年伊始，唐朝和南诏就兵连祸结。唐朝权相杨国忠贪图边功，于公元753年在河南、河北、陕西强征十余万人，由剑南西川留后李宓率领，进攻南诏。阁逻凤被迫联手吐蕃，击破唐兵，李宓沉江而死。虽然如此，但阁逻凤仍希望与唐室修好，在龙尾关（今大理市下关镇）筑万人冢祭奠征南将士，并在宫门前立《德化碑》表明心迹，说明不得已叛唐的原因。有人认为，《德化碑》的作者，就是郑回。异牟寻即位后，郑回秉政用事，积极推进汉化，主张在各个方面仿效唐朝，促使南诏与唐恢复友好关系，力劝异牟寻与唐修好。在异牟寻、唐剑南西川节度使韦皋和郑回等人的共同努力下，贞元十年，南诏与唐盟誓于点苍山神祠，南诏从此又归属于唐王朝。在这个过程中，郑回功不可没。有鉴于此，白族人民为了纪念郑回在促进南诏与唐王朝修好、维护祖国统一、促进民族团结和文化交流方面的功绩，把他奉为大理城西门本主来供奉。有意思的是，大理城另外三门的本主，分别是郑回的三个儿子；父子四人一起成为大理的四门本主，成为古城的守护神，这可算是大理白族本主文化里一段难得的佳话。

明状元杨慎 杨慎（1488—1559），字用修，号升庵，四川新都人，云南人习惯称呼他为"杨升庵状元"。杨慎才思敏捷、才华横溢，其记诵之博、著作之富，被《明史》公推为明代第一人。杨慎性格耿直，不畏权势。嘉靖三年（公元1524年），他先是在"议大礼"的廷议中旗帜鲜明地反对明世宗朱厚熜（即嘉靖皇帝）越礼追封其父为皇帝，后因嘉靖皇帝不听劝阻一意孤行，杨慎和二百多名同科进士哭谏宫门，惹得嘉靖皇帝龙颜大怒，将其廷杖之后发配到云南永昌卫（今云南省保山市）充军，并明令终生不得返回。当时，杨慎年仅三十六岁，此后的三十余年，一直到去世，杨慎都生活在云南。

身为充军囚徒的杨慎并没有放弃对学问的追求和对民生的关注，他在滇西一带设馆讲学，游历考察，广收学生，孜孜不倦地写作和研究，创作了《全蜀艺文志》、《云南山川志》、《滇载记》、《丹铅总录》等二百八十多种著作和《升庵长短句》、《陶情乐府》中的大量诗词歌赋，可谓著作等身、彪炳南中。值得一提的是，杨慎在云南的时光中，很多时光是在大理度过的。他把大理当做自己的第二故乡和心灵的栖息之地，爱上了大理旖旎的自然风光和勤劳淳朴的各族人民，并成为当时白族知识分子的精神导师。杨慎与明代白族知识分子的杰出代表李元阳相识相知，结成了挚友；加上张含、杨士云等白族知识分子追随其左右，号称"杨门六学士"，有力地促进了中原文化在大理的传播。

杨慎吟咏大理的诗文也是脍炙人口，如《游点苍山记》描写大理的山水时说："山则苍龙叠翠，海则半月拖蓝；城郭奠山海之间，楼阁出烟云之上。"《海风行》写下关的风："苍山峡束沧江口，天梁中断晴雷吼。中有不断之长风，冲破动林沙石走。咫尺颠崖迥不分，征马长嘶客低首。"《龙关歌》

描写龙首关和龙尾关之间的风光："双洱烟波似五津,渔灯点点水粼粼。月中对影遥传酒,树里闻歌不见人。"《滇海曲》中赞美点苍山:"化城楼阁壮人寰,泽国封疆镇两关。云气开分银色界,天工斫出点苍山。"杨慎描绘题写大理的"百二山河"更成为对苍洱风光最为形象、简明的概括。

白族才子李元阳 如果说杨慎与大理结缘出于偶然,那么同属明代的李元阳,则是大理山水孕育出来的地地道道的白族才子。

李元阳(1497—1580),字仁甫,号中溪,别号逸民,明代大理府太和县人,是明代白族知识分子的代表和领袖。李元阳1526年中进士后,官授翰林院庶吉士,他和杨慎一样,由于参加"议大礼"而被贬。他先后在江苏江阴、湖北荆州做过官。李元阳为人耿直,看不惯官场的腐败,40岁那年愤然弃官回乡。从此隐居大理40年未再出仕。摆脱了宦海的羁绊的李元阳,与杨士云、杨慎等文化名流诗文唱和,寄情山水,专心于写作著述。

李元阳在哲学、史学、文学、书法、教育等方面都有突出成就,他的诗文集、理学著作、书法作品以及他编撰的《云南通志》和《大理府志》等地方史志在云南文化史上占有重要地位,被誉为"史上白族第一文人"。

值得一提的是,李元阳特别钟爱鸡足山,他与鸡足山的和尚交往甚密。可以说,明清时期鸡足山的兴盛,与李元阳出力、出资兴建寺院和著文立碑介绍鸡足山密切相关。他写的

《游鸡足记》才华横溢，文笔风流潇洒，别具禅儒的淡泊之风；鸡足山闻名天下，李元阳当推首功。

回民起义领袖杜文秀 大家在游览古城的时候，应该经过或游览了"总统兵马大元帅"府，下面要向大家介绍的，是清朝咸丰同治年间云南回民起义领袖杜文秀。

杜文秀（1823—1872），字云焕，号百香。云南永昌府保山县上村（今板桥镇上村）人。道光三年（公元1823年），他出生于一个杨姓回族商人家庭，取名杨秀。10岁后过继给姨妈为嗣，改姓杜，更名为杜文秀。杜文秀自幼勤奋好学，聪颖过人，14岁就考中了秀才。他为人刚毅正直，见义勇为，素为村民敬仰。

自1843年以来，清朝统治者在云南多次挑起汉、回民族的械斗和仇杀，回、汉各族人民均遭受惨重灾难。1854年，永昌汉族地主团练——"香把会"勾结官府又一次制造了永昌残杀回民惨案，回族人民公推杜文秀等为代表赴京，控告地主武装无辜杀害回民的罪行，希望清政府能为回民申冤。然而清朝官吏不仅没有为回民申冤，反而镇压了大批反抗的回族人民。杜文秀希望依靠清政府保护回民的希望破灭，他逃往永平、大理、赵州（今大理市凤仪镇）一带，结交当地的回民，积极进行反清宣传和建立武装的活动，开始走上武装反抗清朝统治的道路。

1856年4月，云南屠杀回民的事件越来越严重，云南巡抚舒兴阿等通令全省，但凡是回民，无论男女老幼，格杀勿论，结果激起了云南各地回民大规模反抗清朝统治的斗争。当时活动在大理地区的杜文秀联合巍山回民马金保、马朝珍，赵州回民马名魁，大理回民杜万荣等人举行武装起义，起义军很快攻占了大理城，杀死了迤西道林廷禧与太和县令毛玉成，于同年十月在大理建立起各族联合反清政权——大理起义政权，公推杜文秀为"总统兵马大元帅"。

杜文秀起义政权建立后，以反清为宗旨，遥奉太平天国号令，蓄发易服，旗帜尚白，以甲子纪年，联合汉、彝、白等民族，不断打击清朝反动统治，陆续占据五十余座城池，形成云南各族人民反清斗争的一支重要力量。起义政权以大理古城为基地，前后存续了18年时间。

1872年11月，在清军围剿下大理古城成为一座孤城。杜文秀见大势已去，为免遭屠城，服下孔雀胆后前往清营议和，为清军所害，终年47岁。

杜文秀是一位杰出的农民起义领袖。他不仅在政治、军事方面表现出了卓越的才能，而且在民族与宗教问题上，表现出非常宽广的胸怀。他所领导的大理政权一直主张民族平等，直到今天，他仍为云南回、汉、白等族人民所敬仰和怀念，人们称之为"杜大元帅"。

清朝名将杨玉科 谈到杜文秀，我们就不能不提到大理历史上的另一个名人，他就是杨玉科。

杨玉科（1838—1885），白族，兰坪营盘区沧东乡西营村人。作为清朝著名将领，杨玉科率领的清军与杜文秀的起义军激战了18年。历史上，清政府作为腐朽政权，在与农民武装的斗争中多被认为是非正义的一方，也可能正是因为这个原因，历史上对杨玉科的评价一直有不少争议。但是如果说杜文秀是个可歌可泣的英雄，那么和英雄战斗了18年并取得最终胜利的对手，也一定是个不简单的人物。杨玉科具有杰出的军事才能，他因战功卓著，官职从先锋一直升至陆军提督。1884年，中法战争爆发，时任广东高州镇总兵的杨玉科，奉命抗击法军。他在观音桥一带设伏，三次痛击法军。1885年2月，杨玉科在主将潘鼎新逃走的情况下，率军坚守关外阵地。他对部下说："吾百战余生，今得死所矣。"最终，英勇牺牲在了法军的炮火之下。

杨玉科既是一名杰出将领，同时也是一位具有卓越眼光的专注于教育投资的慈善家。他分别在自己家乡兰坪营盘街和大理古城兴建了"沧江书院"和"西云书院"两座书院。沧江书院在1986年被列为兰坪县级文物保护单位；西云书院也就是现在的大理一中，在当时是滇西地区最大的书院，从1877年创建至今已经有100多年的历史了。历史更迭，西云书院的名称也改变过好几次，但不变的是它为高等院校和地方建设输送了大批人才。所以不管历史如何评价杨玉科，他无疑都曾为大理和云南的教育事业作出了自己的贡献。

白族军事家杨杰 杨杰，字耿光，白族，1889年1月25日出生于云南大理，是著名的军事理论家、杰出的爱国民主人士，他的军事才华享誉国际军事界，被斯大林称为"战略专家"，被当时的英国国防大臣称为"军学泰斗"。

1905年，年仅16岁的杨杰考取云南陆军速成学堂，从此开始了他的军事生涯。由于他成绩出众，翌年被清政府保送到当时中国最高军事学府——保定北洋陆军速成学堂深造。1907年，他又与蒋介石等人一起被保送到日本陆军士官预备学校学习，两年期满后，考试合格，正式升入日本陆军士官学校第十期炮兵科学习，并于同年加入了孙中山领导的同盟会。1911年，杨杰毕业，回国参加了辛亥革命。此后的几年间，他在辅佐滇系军阀唐继尧和讨袁护国战争中，因指挥部队先后取得以少胜多的"铜仁大捷"（滇黔战史上把此役称为杨杰黔东大捷）和"泸州之役"而名声大振，其军衔也从陆军上校接连晋升为少将、中将。虽然已居高位，可杨杰深感自己的军事知识还很欠缺。1921年，他毅然放弃陆军中将的头衔，再次东渡日本，以云南留日士官生监督的身份，入日本陆军大学深造。

1924年冬，杨杰以第一名的成绩从日本陆军大学毕业。当时正值国共第一次合作，杨杰遂到南方投奔程潜领导的国民革命军第六军，先后担任总参议、第十七师师长，并率部参加了北伐战争。1927年初，程潜被蒋介石等人从南京挤走，所部被蒋介石先改番号为暂编第六军，后又改编为第十八军，杨杰均出任军长。南京政府成立后，杨杰率部参加了南京方面与北洋军阀孙传芳部在南京郊外龙潭车站的大规模会战，帮助蒋介石肃清了孙传芳残部。

杨杰卓越的军事才能得到蒋介石的赏识，龙潭战役后不久就被任命为南京国民政府军事委员会委员。此后，杨杰一直是蒋介石的军事高参，在"第二次北伐"和中原大战等新军阀混战中，多次为蒋介石出谋划策，扭转危局，为蒋介石建立全国统一政权立下了汗马功劳。

抗战时期，杨杰主张积极抗战，反对蒋介石的内战独裁政策；解放战争时期，杨杰开始倾向中国共产党，投身于反内战、反独裁的爱国民主运动，并积极参加三民主义同志联合会，后任国民党革命委员会中央执行委员。1947年5月任战略顾问委员会委员，后参与策动国民党高级将领起义，为云南和平解放作出了重大贡献。1949年9月，杨杰受中国共产党的邀请参加第一届全国政治协商会议，参与新中国的建设。1949年9月19日准备转赴解放区时在香港大通公司被国民党特务暗杀。1950年，人民政府通过各种渠道，将杨杰的骨灰从香港运回昆明，安葬在西山，中央人民政府副主席李济深为墓碑题了词。1982年6月5日，民政部追认杨杰为"革命烈士"。

"滚滚长江东逝水，浪花淘尽英雄。是非成败转头空。青山依旧在，几度夕阳红。"这是杨慎写下的词句。曾经的状元、文人、英雄，如今都已风流云散，只有苍山依旧苍翠，洱海依旧明媚，而我们也只能从那些泛黄的著作里，从大理古城斑驳的城墙上，从西云书院沧桑的古树里，去追思历史人物的生平。

历史就像一条河，在这条河流里，与大理结缘的名人还有许许多多，大理也走出了许多令家乡父老自豪的优秀儿女；今天由于时间关系，只能向大家介绍其中很少的几个。大家来到大理，在这片土地上留下了自己的足迹，同样是一种缘分；大理的山水、大理的青石板路会记住大家，也希望大家把大理记在心里。

【链接】

● 嘉靖时期"议大礼"事件：嘉靖皇帝朱厚熜以"兄终弟及"的方式登上皇帝宝座后，按照皇统继承规则，自己的生父只能称"本生父"或"皇叔父"，而不能称"皇考"和享祀太庙。朱厚熜即位后，下诏令群臣议定他自己的生父兴献王为"皇考"，按皇帝的尊号和祀礼对待。当时，张聪、桂萼等新贵，为迎合上意，主张在宪宗与武宗之间，加入睿宗（兴献王朱祐杬），招至杨升庵等许多大臣的坚决反对。朱厚熜一意孤行，正式下诏改称生父为恭穆皇帝，并暴力镇压不满其做法的朝臣。消息传出，群情激愤。杨慎约集同年进士检讨王元正等二百多人，激动地说："国家养士一百五十年，仗节死义，正在今日。"在金水桥、左顺门一带列宫大哭，抗议非法逮捕朝臣，"声震阙庭"。"帝益怒，悉下诏狱，廷杖之。"升庵于七月十五被捕，十七日被廷杖一次，死而复苏；隔十日，再廷杖一次，几乎死去。然后充军云南永昌卫（今云南保山县）。

大理古城地名拾遗

各位朋友，当您沐浴着灿烂的阳光，徜徉在云都想停下来歇歇脚的闲都——大理古城时，那些记录着历史、倾诉着沧桑变化的街道和地名是否让您思考过？下面，就请您跟我一起去探寻它们的出处吧。

早在清朝时期，大理古城就已经形成由5条南北纵向大街和7条东西纵向大街相交的井字形棋盘式格局，并将全城分隔成67条大小不等而且有严格的功能分工的街道和小区。由于古城的格局重南重西而轻北和东，南边为具有政治经济地位的达官贵人们活动的区域，北边则是手工业者、小商贩居住的地方，西北角多为商业区。

一般而言，"街"通常是主干道，较长较宽，今天我们见到的几条"路"就源于过去的街；"巷"和"坊"通常是一些小街，较窄较短，"坊"更多则用来指居住区域；而"口"则是指南北5街和东西8巷汇合而成的地方。

大理古城地名来历有的跟独有的风花雪月自然景观有关，有的采自历史事件，有的则跟行业相关，而且多规范于现当代。大致情况如下。

平等路 东起北水库，西至苍山门城墙止，东西走向，全长

1000米。1943年起称"平等路"，取大众平等之意。

玉洱路 东起洱海门，西至苍山门城墙止，东西走向，全长1800米。因高原明珠洱海清澈透明、碧绿如玉而得名。1943年起称"玉洱路"。

人民路 东起城东路，西至苍山门城墙止，东西走向，全长1200米。1943年起称"中正路"。新中国成立后改称"人民路"，取人民得到解放，当家做主人之意，故名。

银苍路 东起广武路，西至博爱路止，东西走向，全长1100米。因点苍山雪洁白如银而得名。1943年起称"银苍路"。

复兴路 南起南门城楼，北至北城墙止，南北走向，全长1500米。1943年称为复兴路，取民族复兴之意，故名。是古城主要街道和繁华区。

博爱路 南起南门城楼，北至北城墙止，南北走向，全长1800米。原名"西背街"（白语名为"赛簸该"，意思是"西边的街道"），说明古城人很休闲，懒得去理会具体的街名。早年有分段街名。1943年将各段并称为"博爱路"，取广泛以德爱人之意，故名。

吉利坡 现"古榕会馆"附近旧时有一斜坡叫"吉利坡"。

旧时古城习俗，每当新生婴儿降生之后，必须先抱到文庙祭拜，然后再经吉利坡，最后至武庙，以求孩子一生文武双全、大吉大利。吉利坡还是古城居民在端午节"游百病"时的必经之地。据说，走过之后可祛除病痛，延年益寿。各位也不妨去走一走，难说会活到一百岁。

护国路 东起魁阁口，西至苍山门城墙止，东西走向，全长900米。1943年称为"护国路"，取民国初年云南反对袁世凯称帝，起兵护国之意，故名。

广武路 南起旧时南校场，北至平等路止，南北走向，全长300米。1943年称为"广武路"，因其南端建有演武厅、校场，为练武、演武、考武之地，故名。

龙泉巷 东起复兴路南段口，西至博爱路南段止，东西走向，全长200米左右。因巷内有一口水井叫"龙泉井"，故以泉名巷。

红龙井 西起城墙，东至复兴路口止，东西走向，全长400米左右。相传该巷附近有一水井中，红龙护卫着一棵玉白菜，故名红龙井。

福庸里 位于古城西北部。南起银苍路，北至平等路止，南北走向，全长120余米。旧名"卖糠巷"，是旧时古城卖糠的唯一场所。这说明古城旧时商品买卖有固定的场所，且一街一业，如"打铁街"、"屠羊巷"、"晓街子"等。"福康"意为福寿康宁。

鱼市口 位于古城西北部。是银苍路与复兴路的交叉路口，是旧时卖鱼及螺丝等的专门场所。洱海自古盛产鱼类。除我们今天大快朵颐的鲤鱼、鲫鱼外，还有弓鱼、鲋鱼、油鱼（这种鱼烹煮时不需放油，加热后鱼体内会自动释放出清香可口的鱼油）等土著鱼种。其中又以弓鱼为鱼中魁首。

六牌坊 又名"昭文里"。东起复兴路中段口，东西转南走向，全长120余米。因旧时巷口有一座牌坊，由北向南数为第六座，故名。今玉洱路与复兴路的交叉口"四牌坊"的得名亦然。二者均以牌坊的次第命名。

果子园 洱海门以西，今属大理镇东门村民委员会。据传南诏大理国时期，该村种有许多果木，以供王室观赏、食用，故名。由此可见，大理古城自古以来就盛产水果。

大院子（"岛洁席"） 洱海门以西，今属大理镇东门村民委员会。白族话为"岛洁席"。"岛"，汉语意为"大"；"洁席"是汉语"院子"的意思。据传明洪武年间，南京籍武官杨朝臣、杨朝相、杨朝佐三兄弟在此定居。后人口不断繁衍，十几家同住一处，形成较大院落。故名"大院子"。这是跟白语有关的古地名，充分说明大理古城是以白族文化为代表的多民族文化和谐共荣的乐土。

新旧城隍庙 众所周知，有城必有城隍庙。但古城却有新旧两所城隍庙。旧城隍庙位于今大理市博物馆对面的军队驻地内，由于大理历来是西南军事重镇，战略地位十分重要，因此，在1950年4月，原中国人民解放军第2野战军第14军进驻大理之后，爱民如子的城隍老爷也只好乔迁城外，接受子民们的膜顶崇拜。这样就形成了古城一道亮丽的风景线。

各位朋友，由于历史的变迁，大理古城的有些地名已不知其来历。如果您感兴趣的话，不妨作一些研究和探索。也许，您就会成为名副其实的古城通。

大理古城的书院

提起古代书院，人们自然会想到湖南长沙的岳麓书院、江西庐山的白鹿洞书院等。其实，明清以来，作为西南边陲的大理地区也有许多书院。据记载，古城的书院主要有：

西云书院 清同治十二年（公元1873年）提督杨玉科以提府署明伦堂、杜公祠、中和书院、崇敬书院、府仓房以及居民57家之地兴建而成。有房子130多间，且堆山凿池，育花养鱼，有如林园。杨玉科还与迤西道熊昭镜共同制定章程。规定凡迤西25属，各给名额生员3名，另设20机动名额。由府、道、县轮流月课，成绩列前茅者给予奖励。光绪二十八年（公元1902年）改为迤西高等学校。民国时为云南第二中学，今为大理一中校本部。

桂香书院 原名中溪书院。由明嘉靖年间进士李元阳捐建，故名。清康熙三十一年（公元1692年）提督诺穆图、乡人万崇义、李荣等扩建，因建有桂香楼，故改名"桂香书院"。雍正二年（公元1724年）提督郝玉麟、知县龙为霖再修。雍正十二年迤西道雷之瑜重修，定年束潃谷120石，董事赵师濂等先后为其置田办学，并撰有《碑记》。道光年间，太史李蟠根等又积极捐资，是时为全盛时期。咸丰六年（公元1856年）毁于兵火。同治十二年（公元1873年）夏，云南巡抚岑毓英拟重建，并改名"敷文书院"，后经提督杨玉科捐款督建始成。光绪十一年（公元1885年）乡人周宗洛等又修。任山长者有李荣升、杨履宽、刘玉湛等。光绪二十八年知府骆景宙在书院内附设"译算学堂"。翌年，改为府办中学。民国时并入大理中学。今为大理一中分部。

苍山书院 又名苍麓书院。明弘治十二年（公元1499年）由御史谢朝宣建于城外西南角苍山下、洱海前。督学王臣为其撰记。前面有明伦堂，后有尊经阁，下建升仙桥，有斋舍10余间。明正德间知府汪标、学使赵维垣均为其增置学田。明万历八年（公元1580年）巡按御史刘维又专门置田36亩。崇祯二年（公元1629年）参政王景增修，并增置学田30亩，学使康承祖撰有《苍麓书院碑记》。清乾隆时废。

崇敬书院 原名源泉书院。明嘉靖四十一年（公元1562年）由同知汪应昴捐建于府学署西部。有讲堂3间，宿舍20间。据邑人李逸民《源泉书院记》载，因苍山书院诸生众多，无法容纳，故建是院。后倾圮。清康熙三十三年（公元1694年）知府李斯佺重建，改名"崇敬书院"。同治十二年（公元1873年）知府范琼章将其列入公产，并入西云书院。民国间曾为大理中学南院。

　　大理书院　始建于清代。有讲堂、斋舍、凉亭等建筑。资料
不详。

大理古城大事记

公元779年，异牟寻将南诏王都从太和城迁至羊苴咩城，大理古城开始作为地方少数民族政权的中心登上历史舞台。

公元856年，即唐大中十年，南诏王丰佑在羊苴咩城内修建了宏伟的五华楼国宾馆。每年三月十六，南诏时期的南诏王以及后来大理国的大理王都会在五华楼会见西南夷各个小国君长和其他一些重要宾客。

公元902年，权臣郑买嗣掌国政，杀舜化子及蒙氏亲族八百人，灭南诏。灭南诏后改国号为大长和国，定都羊苴咩城。

公元928年，大长和国剑川节度杨干贞发动兵变灭大长和国，拥立赵善政为骠信（国王）建立大天兴国。

公元929年，大天兴国权臣杨干贞废黜骠信赵善政，自立为王，建立大义宁国政权。

公元937年，大义宁国通海节度使段思平发动兵变攻入大理城，灭大义宁国，建大理国。

公元1235年，元世祖忽必烈率领十万大军，分兵三路进攻大理国。12月12日，羊苴咩城被攻破，大理国灭亡，大理古城作为一个王朝政治中心的历史宣告结束。

公元1262年，元王朝在大理古城设置元帅府，制大理、鬼国两路。

公元1270年，元王朝在大理古城设置大理路军民总管府。

公元1266年，即元至元三年，忽必烈赐重金重修五华楼。

公元1274年7月，受忽必烈委派，赛典赤·赡思丁到达大理出任云南行省第一任平章政事。

公元1276年，身为云南行省最高行政百员"平章政事"的赛典赤·赡思丁完成了对此前军事统治下的"万户"、"千户"和"百户"向行政区划的路、府、州、县的改换，建立了云南行省。同时，他把云南行省的统治中心从大理迁到中庆（今昆明）。

公元1382年，即明洪武十五年，明军统帅傅友德、蓝玉、沐英率三十万大军攻破大理城。

公元1383年，明政府改置大理路为大理府，在大理古城设立府治。

公元1499年，即明弘治十二年，御史谢朝宣在大理创建了大理第一所书院——苍山书院。

公元1646年，大西农民起义军（明末农民起义军张献忠义部）将领东平王孙可望入据大理古城。

公元1659年，清军破大理古城。

公元1862年，清政府在大理古城设云南提督府衙门。

公元1862年，清政府太和县县令集资重修五华楼。

公元1691年即康熙三十年，云南总兵偏图到大理古城出任云南提督。

公元1701年，即康熙四十年，武将出身的云南提督偏图深感大理的人文兴盛，向朝廷申请了"文献名邦"匾额，偏图并亲笔书写了匾额。偏图书写的"文献名邦"匾，如今仍高悬在文献楼上，黑底，绿字，字大如斗，苍劲醒目，成为大理古城旅游的重要人文景观。

公元1692年，清朝官吏在明朝基础上重修了大理城的四座城门楼。这次重修城门楼，工程很草率，所费时间不到一个月，只是"缺者补之，腐者易之，倾者扶之"，"至荡然无存者"才"创而新之"。竣工后，将东门城楼易名为承清楼，西门城楼易名为永镇楼。其余城门楼仍沿用明代的名称。同时借用南诏王都国宾馆旧称，将城内鼓楼取名为五华楼。经修建，大理古城成为"城高二丈四尺，砖表石里，上置敌楼十五座，铺三十九所，周围七里三分，垛一千五百六十个。东门名洱海，西门名苍山，南门名双鹤，北门名三塔。四门城楼各高二丈二尺，宽四丈八尺，四隅为角楼，池阔四丈，深八尺"的城内街道纵横交错，井井有致的棋盘式布局的典型古城。

公元1856年（清咸丰六年）9月，杜文秀起义军攻下大理，自任总统兵马大元帅。改提督府为元帅府，并仿皇城建筑格式加以扩建，在帅府四周筑高墙，设城垛，皆砖石砌就，故俗称"紫禁城"。

公元1872年，云贵总督岑毓英、参将杨玉科为剿灭杜文秀，围攻大理，在城根四周挖掘地道，炸毁大半城墙。同年，云南总兵杨玉科攻克大理古城，杜文秀兵败自杀。杨玉科拆除杜文秀帅府建筑在城中自建私人府第。

公元1873年，杨玉科主持重修大理古城城楼、城墙。

公元1877年，云南提督杨玉科捐其大理古城府第建西云书院。

公元1902年，云南学政司借大理古城西云书院院址创办迤西高等学堂。

公元1904年，加拿大传教士在大理古城朝阳巷设立了大理地区第一家"洋药堂"，大理地区开始使用西药。

公元1905年，即光绪三十年，留日学生陈文政等创设了大理的第一所女子学校——大理县立女子师范学校。

公元1914年，大理古城建成滇西地区最大的基督教礼拜堂——基督教堂。

公元1950年1月，中共大理地方委员会和大理区专员公署成立，驻大理古城。

公元1950年4月，中国人民解放军十四军军部进驻大理古城。

公元1952年10月，为纪念中国人民解放军暨滇桂黔边区纵队在解放战争中牺牲的烈士，在大理古城原陆军第十四军军部住址内建立革命烈士纪念碑。

公元1953年2月，大理师范学校在大理古城博爱路成立（后迁至下关）。

公元1956年10月1日，中共大理地方委员会和大理区专员公署迁往下关，大理古城成为大理县政府所在地。

公元1982年2月8日，大理成为全国首批24个历史文化名城之一。

公元1982年11月8日，大理成为全国首批44个风景名胜区之一。

公元1982年，大理市政府拨款整修南城门，集郭沫若书法"大理"二字住隽于城门门头，南城门成为大理古城的象征。

公元1983年，大理县与下关市合并为大理市。合并后，大理市人民政府驻下关，在大理古城设行政办事处，大理古城结束了其作为地方政府治所驻地的历史。

公元1983年，大理市政府拨款整修大理古城南北两座城门。

公元1985年文庙大成门被列为大理市重点文物保护单位。

公元1987年，大理市政府拨款整修杜文秀元帅府，按元帅府旧格局逐步修复了议事厅、白虎堂、紫禁门、大门、书房以及紫禁城南城墙，整个建筑布局严谨，错落有致。

公元1987年，大理市政府成立大理市博物馆，馆址设在杜文秀元帅府内。

公元1988年，羊苴咩城遗址被省政府公布为云南省文物保护单位。

公元1994年4月，苍山洱海被列为13个"国家自然保护区"之一。

公元1998年，大理州人民政府拨款重建五华楼。

公元1999年，大理市政府集资修复了城南和城西的部分城墙。

公元2003年，大理市政府拨款修复了大理古城东门——"洱海门"城楼和西门——"苍山门"城楼，大理古城修复了四门拱卫雄视四方的旧貌。

公元2003年9月，大理市政府重修大理古城穿街水渠，再现了"户户门前清流水"的古城传统特色。

公元2009年6月，大理古城武庙会完成恢复重建，并举办了隆重的开光大典。

附：100家古城客栈名录

序号	客栈名称	地址	电话
1	爱斯花园客栈	大理古城复兴路558号	0872-2670049
2	大理中和居客栈	大理古城洋人街31号	0872-2680999
3	苍岳别院	大理古城玉洱路221号玉洱巷16号	0872-2671319
4	玉洱银苍	大丽路与玉洱路交叉口（风花雪月大酒店正对面）	0872-2670899
5	复春和小酒店	大理古城洋人街护国路109号	0872-2664666
6	清心庭院	大理古城平等路福康里36号	0872-2663170
7	桂苑居	大理古城平等路99号	0872-2670088
8	四季客栈	大理古城人民路428号	0872-2674507
9	鸿程苑酒店	大理古城玉洱路121号	0872-2680657
10	玉源客栈	大理古城博爱路红龙井8号	0872-2673267
11	棕树园客栈	大理古城银苍路109号	0872-2671596
12	古城人家客栈	大理古城银苍路27号	0872-2669466
13	大理水云驿栈	大理古城博爱路交叉口往南100米上菜园29-1号	0872-2699828
14	大理部落人客栈	大理古城复兴路六牌坊6号	0872-2676399
15	风月山水	大理古城红龙井3号	0872-2663741
16	懒人回家客栈	大理古城洋人街1号	0872-2674222
17	六合青年旅舍	大理古城人民路415号	0872-2663741
18	水云间青年旅舍	大理古城红龙井E院	0872-2671385
19	西藏咖啡	大理古城人民路58号	0872-2662391
20	吉姆和平客栈	大理古城博爱路63号	0872-2677824
21	春夏秋冬青年旅舍	大理古城人民路26号(博爱路口)	0872-2677177
22	水星客栈	大理古城洋人街（护国路）39号	0872-2662446
23	伊惠园	大理古城人民路368号(下段)	0872-2670498
24	高丽亭客栈	大理古城洋人街115号	0872-2665083
25	大理古城阳光酒店	大理古城南门双鹤桥西	0872-2675768
26	大理古城叶玉酒店	大理古城玉洱路下段	0872-2679269
27	名城艺苑酒店	大理古城博物馆后面	0872-2682928
28	大理兰庭居酒店	大理古城绿玉路211号	0872-2682599
29	榆南苑宾馆	大理古城绿玉路88号	0872-2699986
30	大理古城宏兴客栈	大理古城绿玉小区	0872-2676929
31	大理恒升花园酒店	大理古城南门绿玉路3号	0872-2680288
32	大理古城绍霖客栈	大理古城文献路17号	0872-2681298
33	苍景苑客栈	大理古城玉洱路下段	0872-2670798
34	玉福园酒店	大理古城绿玉路207号	0872-2681266
35	八达酒店	大理古城护国路84号	0872-2677277

序号	客栈名称	地址	电话
36	大理和泰花园酒店	大理古城广武路120号	0872-2671193
37	城西酒店	大理古城三月街辅助小区	0872-2671845
38	金鑫宾馆	大理古城复兴路360号	0872-2670289
39	云霞花园酒店	大理古城绿玉路玉祥巷9号	0872-2440773
40	松祥苑客栈	大理古城三月街辅助小区20号	0872-2660788
41	诏鑫宾馆	大理古城绿玉小区玉局路3号	0872-2670770
42	行者家园	大理古城博爱路20号	0872-2661719
43	草堂客栈	大理古城广武路102号	0872-2671611
44	福馨苑庭院	大理古城福康里3号	0872-2662318
45	鑫悦民居	大理古城博爱路上菜园51号	0872-2677190
46	云燕酒店	大理古城博爱路12号	0872-2670694
47	钱家客栈	大理古城平等路138号	0872-2675562
48	点苍宾馆	大理古城观音路109号	0872-2679725
49	兴榆客栈	大理古城上菜园19号	0872-2661953
50	荣昌白族民居	大理古城西门村委会六组	0872-2671468
51	三月街白族民居	大理古城西门村委会九组	0872-2671164
52	玉泉苑	大理古城西门水礁村委会	0872-2675435
53	秀泽苑	大理古城农校路口	0872-2672400
54	大理银泉客栈	大理古城三月街右200米	0872-2671404
55	大理古城秀园酒店	大理古城绿玉路31号附1号	0872-2674476
56	金舟湾酒店	大理古城苍山门往北行100米	0872-2465166
57	大理古城玉洱酒店	大理古城玉洱路下段	0872-2662589
58	玉洱白家客栈	大理古城玉洱路下段	0872-2673628
59	燕居客栈	大理古城玉洱路201号	0872-2673031
60	杏花村饭店	大理古城玉洱路165号	0872-2670087
61	李苑客栈	大理古城银苍路70号	0872-2660698
62	大理古城三宝客栈	大理古城一塔路12号	0872-2678255
63	大理文献酒店	大理古城博爱路160号	0872-2662416
64	大理古城友榆客栈	大理古城复兴路595号	0872-2673995
65	大理古城苍洱民居	大理古城洪武路与中和路交叉口	0872-2660978
66	苍海朝阳酒店	大理古城绿玉小区玉局路18号	0872-2679388
67	大理一闲居	大理古城护国路13号	0872-2678539
68	大理百合青年旅社	大理古城西门村委会十组13号	0872-2677807
69	洪源民居客栈	大理古城广武路95号附1号	0872-2674891
70	五华楼客栈	大理古城复兴路200号	0872-2671426
71	三友客栈	大理古城文献路2号	0872-2662888
72	唐朝客栈	大理古城洋人街中段	0872-2663698
73	新悦客栈	大理古城人民路与博爱路交叉口	0872-2672988
74	大理古城佳园客栈	大理古城平等路福康里13号	0872-2674196
75	大理古城博源民居	大理古城博爱路	0872-2670808

序号	客栈名称	地址	电话
76	一江秋客栈	大理古城平等路105号	0872－2674236
77	美家园	大理古城博爱路上菜园52号	0872－8881907
78	古榕会馆	大理古城博爱路57号	0872－2685999
79	名邦客栈	大理古城平等路116号	0872－2670500
80	大理风情客栈	大理古城文献路87号	0872－2699761
81	古城缘恋宾馆	大理古城绿玉小区9号	0872－2699729
82	盛缘酒店	大理古城绿玉小区玉苑巷2号	0872－2699725
83	赵记酒店	大理古城绿玉小区绿玉路26号	0872－2680179
84	古城润泽酒店	大理古城绿玉小区玉秀路23号	0872－2682666
85	赵府酒店	大理古城绿玉小区玉祥巷10号	0872－2663948
86	大理相思旅舍	大理古城南门文献路85号	0872－2680688
87	榆安园花园旅社	大理古城观音路3号	0872－2672093
88	王府酒店	大理古城博爱路79号	0872－2198106
89	建银宾馆	大理古城玉洱路103号	0872－2660939
90	大理古城客栈	大理古城人民路下段	0872－2672388
91	金喜源客栈	大理古城一塔路47号	0872－2671399
92	云燕酒店	大理古城博爱路12号	0872－2670694
93	龙泉酒店	大理古城复兴路龙泉巷37号	0872－2671570
94	双鹤酒店	大理古城文献路古楼旁	0872－2662992
95	盛鑫大酒店	大理古城三月街往北200米	0872－2672572
96	银福源酒店	大理古城西门白石路	0872－2677532
97	金玉缘中澳国际青年旅舍	大理古城西门村委会十组	0872－2677311
98	弘玉酒店	大理古城一塔路10号	0872－2699918
99	滨河酒店	大理古城一塔路中段	0872－2677967
100	千年古客栈	大理古城南门滨河停车场对面	0872－2676084

后 记

　　《大理古城导游》是大理州旅游局与大理学院经济与管理学院继《大理导游辞》之后精诚合作的又一成果。

　　2009年5月，大理学院经济与管理学院与大理州旅游局进行了项目策划，并达成合作协议，同时，根据编写工作的需要，大理学院经济与管理学院组织了14名熟悉、了解大理地方历史文化的旅游管理和相关专业的教师，成立了《大理古城导游》编写组。5月中旬，编写组向大理州旅游局提交了《大理古城导游》编写方案。5月底，大理州旅游局聘请有关领导和专家对编写方案进行了审阅。方案确定后，编写组成员利用节假日等休息时间，查阅文献，深入大理古城的街巷人家采风、踩点、体验和调研，研究古城特色文化和城内居民的生产生活特点，挖掘隐藏在大理古城景观风物背后的文化内涵，认真开展工作。8月底，初稿写作完成，并提交大理州旅游局聘请领导和专家进行审阅。从初稿完成至交付出版，编写组教师对书稿进行了多次修改。在书稿修改期间，云南省旅游局组织编写全国导游人员资格考试指定教材《走遍彩云南》一书，从《大理古城导游》送审书稿中摘取了部分文字，书尚未出版就已发挥了作用和影响，这也是让我们感到意外和高兴的。

在本书的策划、写作与修改、完善过程中，大理州旅游局马金钟局长、刘福荣副局长、高充副局长、冷跃冰副局长，大理市人民政府阿泽新副市长，大理州博物馆谢道辛馆长，大理学院杨树元副校长，大理学院经济与管理学院李鸿昌院长等领导和专家都给予了极大的关心、支持和指导，大理州旅游局各部门和大理州旅游培训中心领导和云南大学出版社的柴伟老师也对本书的编写、出版工作给予了积极的支持和热情的帮助。谨向他们表示衷心的感谢！

本书各部分内容的写作分别由以下人员完成：

赵建军（教授）：古城历史沿革、大事记、前言、后记和全书统稿；

杨晓坚（副教授）：美食概览、庭院餐饮、白族名菜；

李海情（副教授）：古城泡吧、古城狂欢；

杨云飞（副教授）：古城书院、古城地名拾遗；

龙肖毅（高级教师）：古城客栈文化、古城特色客栈；

贾　英（讲师、博士）：大理西餐、古城的小吃；

刘超民（讲师）：建筑概貌、建筑意味；

殷　群（讲师、硕士）：街区古韵、民居花园；

刘文颖（讲师、硕士）：红龙井、文庙、蒋公祠、普贤寺、大理天主教堂、考试院、西云书院；

彭　凤（讲师、硕士）：南城门、杜文秀帅府、五华楼、洋人街、玉洱园、武庙、清真寺；

王建芹（讲师、硕士）：花鸟古玩、古城泡吧；

杨灿和（讲师、硕士）：古城特色客栈；

段银河（讲师、硕士）：古城手工艺品；

曹　星（讲师、硕士）：古城名人轶事；

刘　姗（旅游管理专业2009级学生）：手绘大理古城导游图。

彩页图片部分由编写组成员拍摄，部分摘自旅游网站，不再一一标注！

衷心感谢各位同仁为本书付出的辛苦和努力！

《大理古城导游》编写组

2010年12月

图书在版编目（CIP）数据

大理古城导游/大理州旅游局，大理学院经济与管理学院编. 一昆明：云南大学出版社，2011

ISBN 978-7-5482-0367-4

Ⅰ.①大… Ⅱ.①大… ②大… Ⅲ.①导游—解说词—大理白族自治州 Ⅳ.①K928.974.2

中国版本图书馆CIP数据核字（2011）第019266号

大理古城导游

大 理 州 旅 游 局
大理学院经济与管理学院 编

策划编辑：柴 伟
责任编辑：柴 伟　毛 雪
责任校对：段建堂
装帧设计：猎鹰创想|书籍设计

出版发行　云南大学出版社
印　　装：昆明佳迪兴隆印刷有限公司
开　　本：889mm×1194mm　1/32
印　　张：7.5
字　　数：162千
版　　次：2011年2月第1版
印　　次：2011年2月第1次印刷
书　　号：ISBN 978-7-5482-0367-4
定　　价：26.00元
....
地址：云南省昆明市翠湖北路2号云南大学英华园内（650091）
发行电话：（0871）5031070/5033244
网址：http://www.ynup.com　E-mail：market@ynup.com